Andy Cloninger
E-Mail von Gott für Männer

Widmung

Dieses Buch ist meiner großartigen Frau Jenny
und meinen wunderbaren Kindern gewidmet,
Kaylee und Drew.
Ihr alle habt mich inspiriert,
dass ich den Ruf Gottes zum wahren Mannsein gehört
habe und seitdem einen tieferen Glauben suche.

Andy Cloninger

Eine kleine Randbemerkung

Die folgenden Mails sind natürlich nicht wirklich «E-Mails von Gott». Sie sind aber vom Autor Andy Cloninger so geschrieben, dass sie den Texten und Intentionen der Bibel folgen und die dort gemachten Aussagen und Verheißungen Gottes möglichst gewissenhaft aufgreifen. Der Verlag.

Andy Cloninger

E-Mail von Gott für Männer

BRUNNEN
VERLAG BASEL · GIESSEN

Bibliografische Information der Deutschen Bibliothek
Die Deutsche Bibliothek verzeichnet diese Publikation in der Deutschen Nationalbibliografie; detaillierte bibliografische Daten sind im Internet über http://dnb.ddb.de abrufbar.

Die Bibelstellen sind, soweit nicht anders angegeben, der Übersetzung *Hoffnung für alle* entnommen.

Titel der amerikanischen Originalausgabe:
E-Mail from God for Men
erschienen bei RiverOak Publishing, P.O. Box 700143, Tulsa, Oklahoma 74170–0143, USA

Aus dem Amerikanischen von Brita Becker

4. Auflage
(und damit 1. Taschenbuchauflage) 2008

Umschlag: Kirchhofer Editorials, Basel
Satz: Bertschi & Messmer AG, Basel
Druck: Finidr
Gedruckt in Tschechien

ISBN 978-3-7655-4045-5

Einleitung

Stellen Sie sich einmal vor, dass Gott sich wirklich für Sie als Person interessiert. Stellen Sie sich vor, dass ihm Ihr Leben, Ihre Familie, Ihr Beruf, Ihre Hobbys und sogar die geheimsten Wünsche und Träume Ihres Herzens wichtig sind. Was würde Gott zu Ihnen sagen? Und wie würden Sie antworten?
Ja, die Wahrheit ist, dass Gott voller Sehnsucht ist nach Ihnen und dass er ständig die Hand nach Ihnen ausstreckt und mit Ihnen spricht. Dieses Buch ist so geschrieben, als ob Gott Ihre E-Mail-Adresse herausgefunden hätte (was ihm nicht schwer fallen würde) und Ihnen jetzt einige ganz persönliche E-Mails schicken würde. Jede dieser E-Mails basiert auf einer Bibelstelle und ist verbunden mit einer Geschichte, einem Gleichnis oder einer leicht verständlichen Botschaft aus dem Herzen Gottes. Egal, wie Ihre Beziehung zu Gott ist, Sie werden viele Anregungen und sinnvolle Vorschläge finden, die Sie in Ihrem Leben ganz praktisch umsetzen können.
Gott erweckt eine gottesfürchtige Generation von Männern: Männer, denen es mit ihrem Glauben ernst ist und die ganz offen und ehrlich zu ihren Ängsten, Kämpfen und Siegen stehen; Männer, die ihre Familien und ihre Freunde lieben und ein echtes Interesse an den Bedürfnissen ihrer Umwelt haben. Wenn Sie solch ein Mann sein möchten, dann lesen Sie weiter. Verwenden Sie diese Andachtstexte für Ihre Stille Zeit mit Gott, und hören Sie, was er Ihnen heute sagen möchte.

Andy Cloninger

Zeichen-Erklärung:

:-)	fröhliche Bemerkung; Freude
;-)	Augenzwinkern
:-(	traurige Bemerkung
:,-(	Weinen; Trauer
>:-(	zornige Bemerkung
:-o	Staunen

Ein «Sprung in der Schüssel»

Diesen kostbaren Schatz tragen wir allerdings in einem zerbrechlichen Gefäß. Denn so wird jeder erkennen, dass die außerordentliche Kraft, die in uns wirkt, von Gott kommt und nicht von uns selbst.

2. Korinther | 4,7

Hast du ein wenig Zeit?
>Als du angefangen hast, mir nachzufolgen, da habe ich dich mit meinem Geist gefüllt. Ja, ich goss so lange, bis du von meiner Liebe, meinem Frieden und meiner Freude übergelaufen bist. Du fühltest dich, als ob du auf dem Wasser laufen könntest und als ob dich nie wieder jemand zum Sinken bringen könnte. Aber du kannst leider nicht immer auf der Erfahrung von der Erlösung reiten, als wäre sie ein Surfbrett auf einer Welle. Denn du hast einen «Sprung in der Schüssel». ;-) Nein, nein. Ich meine damit nicht, dass du verrückt bist. Vielleicht sollte ich besser sagen: Du musst jeden Tag neu gefüllt werden, denn du bist wie eine Tasse, die einen Riss hat. Weil eben dieser Riss da ist, kann meine Liebe herauslaufen – und am Ende fühlst du dich wieder ganz leer und ausgetrocknet.
Also komm bitte zu mir und lebe jeden Tag in meiner Gegenwart. Lass dich immer wieder neu mit meinem Geist füllen. Du brauchst nie wieder leer zu sein. :-)
Die Liebe, die überfließt,
>Gott

Eine müde Verkaufsmasche

Ihr aber gehört zum Herrn, eurem Gott. Darum haltet ihm die Treue! Die Völker, die ihr vertreibt, hören auf Magier und Wahrsager. Doch euch hat der Herr, euer Gott, dies verboten.

5. Mose | 18,13–14

Schalom!
>Viele Leute preisen nach allen Regeln der Kunst moderne Religionen an. Das Christentum hingegen halten sie für einen verstaubten Ladenhüter in einem Antiquitätenladen. :-(«Wusstest du nicht, dass es beim Glaubensbasar um die Ecke angepasstere und mit unserer Kultur näher verwandte Glaubensarten gibt?» fragen sie. «Mit ihnen könntest du dein Leben viel besser kontrollieren. Überhaupt, warum solltest du Gott anbeten wollen, wenn wir es so einrichten können, dass du *selbst* Gott bist?»
Das einzige Problem bei dieser Verkaufsmasche ist, dass sie keine Erlösung verkaufen kann, keine solide Grundlage, keine absolute Wahrheit. Höchstens ein verschwommenes Etwas, das nicht identifizierbar ist. So als ob man im Regen ein Aquarellbild malt. Es bleibt nichts davon übrig. Wenn du aber mir nachfolgst, dann ist es, als ob deine vollkommene Persönlichkeit in Marmor gemeißelt wird. :-) Du bist mein Schatz, mein Sohn. Lass dich nicht auf billigere Glaubensformen ein.
Dein Vater,
>Gott

Ein Mann nach meinem Herzen

Als Isai und seine Söhne eintrafen, fiel Samuels Blick sofort auf Eliab. «Das ist bestimmt der, den der Herr als König ausgesucht hat.» ... «Er ist es nicht. Denn ich urteile nach anderen Maßstäben als die Menschen. Ich schaue jedem Menschen ins Herz.»

1. Samuel | 16,6–7

Hallo, mein Sohn!
>Ich bin immer auf der Suche nach einem Mann nach meinem Herzen. Ich sandte Samuel zum Haus von Davids Vater Isai, und ich sagte ihm, dort würde er einen Mann nach meinem Herzen finden. Samuel sah den ältesten und stärksten der Söhne und meinte, dass dies der geeignete Mann sein musste. Aber er war es nicht. Dann machte er die Reihe durch vom Ältesten bis zum Jüngsten, aber er fand meinen Gesalbten immer noch nicht. Der Mann, den ich suchte, war ein Junge, der noch nicht einmal von der Weide geholt worden war, um der Erwählung beizuwohnen. Sie waren alle verblüfft, als sie erfuhren, dass der Junge, David, genau der Mann war, den ich wollte: Er war von demütigem Geist und mir vollkommen ergeben. :-o
Du bist mein Sohn, und du hast meine Sympathie und meine Liebe. Egal, welche Fehler oder Komplexe du hast, ich möchte, dass du mein Auserwählter bist. Wenn du mir dein Herz ganz geben willst, dann will ich dich auf kraftvolle Weise benutzen. Willst du ein Mann nach meinem Herzen sein?
Der mit den anderen Maßstäben, :-)
>Gott

Buchführung einmal anders

Hört niemals auf zu beten. Vergesst auch nicht, Gott für alles zu danken. Denn das erwartet Gott von seinen Kindern.

1. Thessalonicher 5,17–18

Schalom!
>Der Mann, der über seine Sorgen genau Buch führt, ist ein stolzer Mann, denn er meint immer, dass ihm jemand noch etwas schuldet. Aber der Mann, der über seine Segnungen Buch führt, ist demütig. Er ist überwältigt von der Dankbarkeit für das, was er bekommt – aber in Tat und Wahrheit niemals verdient hat. :-)
Du bist der Einzige, der wählen kann, welcher Typ Mann du sein möchtest. Jeder hat Sorgen im Leben, und jeder hat auch enorme Segnungen erhalten. Es liegt an dir zu wählen, ob du dankbar sein möchtest für die Segnungen, die ich über dir ausgegossen habe. Dann wirst du die Zufriedenheit erleben, die nur ein dankbares Herz kennen kann. Führe doch einmal Buch über die Segnungen in deinem Leben. Ob das nun vermeintlich kleine Dinge sind – wie beispielsweise ein freier Parkplatz –, oder ob es sich um große Segnungen handelt wie deinen Job und deine Familie.
Ich gebe dir alle guten Dinge,
>Gott

Wahrheit kontra Unehrlichkeit

Ein Lügner ist voller Hass und kennt kein Mitleid; wer andere verleumdet, bringt sie zu Fall.

Sprüche 26,28

Mein lieber Junge (wenn ich dich mal so nennen darf)!

>Was du sagst, ist wichtig. Es ist so leicht, in die Falle der Übertreibung, der Lobhudelei und der platten Lüge zu tappen. Auch wenn dir Unehrlichkeit manchmal das verschaffen kann, was du willst, oder dir hilft, das zu vermeiden, was du nicht willst – halte dich trotzdem davon fern. Auch wenn andere vielleicht «kleine Notlügen» benutzen und damit durchkommen, möchte ich, dass du ein Mann bist, der sich der Wahrheit verpflichtet.

Warum es so wichtig ist, ehrlich zu sein? Nicht, weil ich versuche, aus dir einen eingebildeten Tugendbold zu machen. Ich möchte, dass du ein Mann von Charakter wirst. Ich möchte, dass du die Freiheit erlebst, die aus dem geraden Weg erwächst. Ich möchte, dass du von der Unsicherheit befreit wirst, die dich dazu bringt, dass du übertreibst oder dich besser präsentierst, als du in Wirklichkeit bist.

Ehrlichkeit ist eine Sache des Herzens. Gib mir dein Herz, und gemeinsam setzen wir uns die Ehrlichkeit als unser beider Ziel. :-)

Ich bin die Wahrheit,

>Gott

Bitte mich, worum du willst

Ihr wollt alles haben und werdet nichts bekommen. Ihr seid voller Neid und tödlichem Hass; doch gewinnen werdet ihr dadurch nichts ... Solange ihr nicht Gott bittet, werdet ihr nichts empfangen.

Jakobus 4,2

Hallo, da bin ich wieder!
>Bitte mich, worum du willst. Wenn du Führung brauchst, dann bitte mich darum. Wenn du Erkenntnis brauchst, dann werde ich sie dir geben. Wenn du Hilfe zur Kreativität brauchst, dann bin ich das kreativste Wesen, das es nur geben kann. ;-)
Fürchte dich nicht davor, mich um alles zu bitten. Glaube nicht, dass ich dich vielleicht auslachen oder wegschicken könnte. Manchmal fehlen dir die Dinge, die du brauchst, weil du mich schlicht und ergreifend nicht darum bittest. Zweifle nicht an meiner Liebe zu dir. Aber weil ich dich liebe, gebe ich dir nur die Dinge, die dir zum Segen dienen. :-)
Ich rede nicht unbedingt davon, dass du mich um eine Million in harter Währung oder um ein tolles Luxusauto bitten sollst. Du weißt ja nicht einmal, ob diese Dinge für dein Leben zum Segen oder zum Fluch werden könnten. Ich weiß, was du brauchst, und ich sorge für alle deine Bedürfnisse. Das verspreche ich dir.
Dein Versorger,
>Gott

Immer mit der Ruhe ...

Seid stille und erkennet, dass ich Gott bin! Ich will der Höchste sein unter den Heiden, der Höchste auf Erden. Der Herr über Himmel und Erde ist mit uns.

(Luther 1999) Psalm 46,11–12

Schalom.
>Sei still und erkenne, dass ich Gott bin. Suche Stille und Ruhe, so wie andere Männer Geld oder Macht nachjagen.
Die Menschen bewegen sich mit einem rasenden Tempo. Wenn etwas nicht in weniger als einer Minute fertig ist, dann fragen sie: «Warum dauert es bloß so lange?» Diese Geschäftigkeit ist der Tod des geistlichen Mannes. >:-(
«Sofortige Belohnung» ist das Mantra der modernen Welt. Leider wird dies auch zu einem Mantra, das in der Kirche heruntergeleiert wird. :-(Einige Leute wünschten sich sogar, dass an mein Haus ein geistliches «Drive-in» angebaut wird.
Die Stille ist das Leben des geistlichen Mannes. Die Ruhe ist der heutigen Rastlosigkeit völlig entgegengesetzt. Wenn du still bist und meine Gegenwart erkennst, dann zeige ich dir glasklar die Lüge der Eile und der Hektik. Bitte komm in meine Gegenwart. Nimm dir Zeit, mich kennen zu lernen, und werde der Mann, zu dem ich dich berufe. :-)
Dein Friede,
>Gott

Bring es ans Grab

Durch die Taufe sind wir also mit Christus gestorben und begraben. Und wie Christus durch die Herrlichkeit und Macht seines Vaters von den Toten auferweckt wurde, so sollen auch wir ein neues Leben führen.

Römer 6,4

Mein geliebter Sohn!
>Alles, was du von dir selbst ans Grab bringst und neben Jesus ablegst, ist tot. Mehr noch, es wird zu einer neuen Identität auferweckt und in einem neuen Du in Ordnung gebracht. Aber das, was du nicht ins Grab bringst und zu Jesus hineinlegst, das ist in dir noch nicht gestorben und hat immer noch eine Bedeutung für dein Leben. :-(
Wenn du eine völlig neue Schöpfung sein willst, dann bring alles ans Grab. Bring es mit Gebet und Reue, und lege es neben Jesus ab. Lass den «alten Menschen» in dir durch das Opfer von Jesus sterben. Und dann lass es zu, dass Jesus dich zu einem neuen Leben mit ihm auferweckt. Sei ganz und gar erlöst im Licht seiner Auferstehung. Bringe alles ans Grab, und gehe dann hindurch zum neuen Leben. :-)
Dein Durchbringer und Erlöser,
>Gott

Komm heim

Er stand auf und ging zurück zu seinem Vater. Voller Mitleid lief [der Vater] ihm entgegen, fiel ihm um den Hals und küsste ihn [und] befahl den Knechten: «Beeilt euch! Holt den schönsten Anzug ... Bringt auch einen kostbaren Ring und Schuhe für ihn!»

Lukas | 15,20 und 22

Mein Friede sei mit dir!
>Wann immer du zu mir nach Hause kommst, brauchst du weder die Tür einzuschlagen noch darum zu betteln, dass du in meinem Hause dienen darfst. Ich laufe dir entgegen. Ich gebe dir erneut, was du verschwendet hast. Ich schmeiße eine Party zur Feier deiner Heimkehr. :-)
Glaube nicht, dass meine Liebe dich aufgibt, wenn du dich dafür entscheidest, mich zu verlassen. Ich bin kein Vater, der dich auf Distanz hält. Nein, ich hoffe immer, dass ich dich ganz nah bei mir haben kann. Ich stehe am Fenster und warte, die Laufschuhe angezogen, damit ich schnell herausstürmen und dich zu Hause begrüßen kann.
Du wirst immer mein Sohn sein, egal, wofür du dich entscheidest. Meine Liebe ist der Anzug, der dich einhüllt. Meine Gnade ist der Ring, den ich dir an den Finger stecke. Meine Annahme ist wie ein Paar wunderbare Schuhe an deinen Füßen, die dich immer wieder heim zu mir bringen. Zögere niemals. Komm heim. :-)
Dein Vater,
>Gott

Überführung ist anders

Wer nun zu Jesus Christus gehört, wird der Verurteilung durch Gott entgehen; er wird leben. Denn für ihn gilt nicht länger das Gesetz der Sünde und des Todes.

Römer 8,1–2

Hallo, du hast Post!
>Es besteht ein Unterschied zwischen der Überführung durch meinen Heiligen Geist und der Verurteilung, die dir vom Feind oder auch von dir selbst auferlegt wird. Überführung führt immer zu Reue und weckt in dir den Wunsch, dich mit mir zu versöhnen. Sie bringt ein positives Ergebnis hervor – eine wiederhergestellte Beziehung mit mir. Eine Verurteilung hingegen sagt zu dir: «Du bist nicht gut genug. Du kannst nie mit Gott ins Reine kommen.» Eine Verurteilung führt nicht zu Reue. Sie führt zu moralischer Unehrlichkeit und einer verkümmerten Selbstachtung, die dich beide von mir wegführen und dich nur in noch mehr Schuld treiben. :,-(
Für die, die in meinem Sohn gegründet sind, gibt es immer Hoffnung und einen Weg aus dem Teufelskreis der Schuld. Wenn du sündigst, dann höre, wie mein Heiliger Geist die wahre Überführung bewirkt. Bereue ehrlich. Nimm meine Vergebung durch Jesus an, und dann lass ihn dich auf die Beine stellen und vorwärts bringen.
Ich vergebe dir, :-)
>Gott

Eltern sein dagegen sehr

Vergeltet nicht Böses mit Bösem, bleibt freundlich, auch wenn man euch beleidigt. Denkt und redet Gutes über den andern, denn ihr wisst ja, wie viel Segen Gott euch zugedacht hat.

1. Petrus 3,9

Ich grüße dich!
>Viele Männer sind enttäuscht darüber, wie ihre Eltern sie erzogen haben. Manche versuchen ihr Leben lang, das viele Unrecht, das ihnen in ihrer Kindheit widerfahren ist, ungeschehen zu machen oder wenigstens zu reparieren. Andere hegen ihr ganzes Leben lang einen Groll auf ihre Eltern. :-(
Ich rufe dich dazu auf (und befähige dich auch dazu), ein neues Geschöpf zu sein. Wenn du dich immer noch mit den Fehlern deiner Eltern herumschlägst, habe ich einen Vorschlag für dich: Stell doch zuerst einmal eine Liste all der Dinge auf, die deine Eltern *gut* gemacht haben, und sei dankbar dafür. Dann mache eine Liste mit allen Fehlern und Ungerechtigkeiten. Nimm diese Liste, und übergib sie mir im Gebet. Oder bete darüber mit einem Freund oder Pfarrer. Dann verbrenne die «Unrecht-Liste» und lebe weiter. Auch wenn du meinst, du hättest nie Gutes von deinen Eltern erfahren – wenn du ihnen vergibst, wirst du meinen Segen empfangen, so dass du frei von Zorn und Bitterkeit sein kannst. :-o
Deine Hoffnung auf Heilung,
>Gott

Begehren und Zufriedenheit

Begehre nicht, was deinem Mitmenschen gehört: weder sein Haus noch seine Frau, seinen Knecht oder seine Magd, Rinder oder Esel oder irgendetwas anderes, was ihm gehört.

2. Mose | 20,17

Mein lieber Sohn!
>Warum willst du deine Energie darauf verschwenden, dir über das Gedanken zu machen, was andere haben – du aber nicht? «Begehre nicht» ist ein Gebot, das zu deinem Besten dient, weil ich weiß, wie sehr das Begehren deinen Frieden zerstören kann. Ich bin viel mehr an deinem inneren Frieden interessiert als an deinem äußeren Wohlstand. Friede und ein dankbares Herz sind Reichtümer, die du immer besitzen kannst, egal wie deine finanziellen Verhältnisse aussehen.
Die Welt versucht dir einzureden, dass du Zufriedenheit nur nach deinem nächsten großen Einkauf oder auf der nächsthöheren Stufe der Karriereleiter findest. Aber auf diese Weise wird echte Zufriedenheit *immer* außerhalb deiner Reichweite liegen. Wenn du also wieder einmal versucht bist, etwas zu begehren, dann investiere diese Energie lieber in ein Gebet und in Anbetung. Dann wird dein geistlicher Tank gefüllt. Und darin wirst du Zufriedenheit finden. :-)
Ich gebe dir Frieden,
>Gott

Trau dich!

Übt euer Amt in Verantwortung vor dem Herrn aus! Seid gewissenhaft und unparteiisch! ... Geht nun entschlossen an die Arbeit! Wenn ihr recht handelt, wird der Herr bei euch sein.

2. Chronik | 19,9 und 11

Hallo, da bin ich wieder!
>Lass dich nicht durch geistliche Unentschlossenheit lähmen. Im Leben geht es genauso sehr um Taten, die durchs Gebet getragen werden, wie um das Gebet selbst. Jesus verbrachte Zeit allein mit mir, aber er traf auch an Ort und Stelle ziemlich schwierige Entscheidungen, mitten unter vielen Menschen. Er ließ sich nicht von Unentschlossenheit lähmen, weil er wusste, dass er mit mir in Verbindung war. :-)
Ich möchte, dass du über Entscheidungen, die für dich anstehen, betest. Aber ich will nicht, dass du dich davor fürchtest, eine schnelle, vielleicht auch schwierige Entscheidung zu treffen, wenn es nötig ist. Wenn du dich mir unterstellt hast und meiner Führung folgen willst, dann brauchst du dich nicht davor zu scheuen, Entscheidungen zu treffen. Du hast die Berechtigung dazu. Suche mich im Gebet und in der Bibel. Lebe dein Leben für mich, und ich ermächtige dich, zuversichtliche Entscheidungen zu treffen.
Deine Zuversicht,
>Gott

Keine Kritik an der Schöpfung

Fragt denn ein Tonklumpen den Töpfer: «Was tust du da mit mir?» Oder macht er sich lustig und sagt: «Mein Meister hat zwei linke Hände!»? Wehe dem, der seinem Vater vorwirft: «Warum hast du mich gezeugt?» und der Mutter: «Weshalb hast du mich in die Welt gesetzt?»

Jesaja 45,9–10

Schalom!
>Du bist mein vollkommenes Geschöpf. Ich habe Gefallen an dir. Es tut mir weh, wenn du mit dir selbst nicht zufrieden bist. Wenn du an dir herummäkelst und dich nicht annehmen kannst, wie du bist, dann kritisierst du damit auch mich, deinen Schöpfer. :,-(
Wenn du für deinen besten Freund ein wunderschönes Möbelstück gebaut hättest, und dein Freund würde es dann mit nach Hause nehmen und sich über die Farbe und die Form beklagen, dann würde das doch deine Gefühle verletzen, oder nicht? Genauso geht es mir, wenn du dich selber schlecht machst und an dir kein gutes Haar findest.
In meinen Augen bist du wunderbar. So sehe ich dich, und ich möchte, dass auch du dich so siehst. :-)
Dein «Erbauer»,
>Gott

Tauche alles unter

Ein Mann, er hieß Ananias, verkaufte zusammen mit seiner Frau Saphira ein Grundstück. Sie war damit einverstanden, dass er einen Teil des Geldes behielt und nur den Rest zu den Aposteln brachte.

Apostelgeschichte 5,1–2

Hast du etwas Zeit für mich?
>Während der Kreuzzüge im zwölften Jahrhundert heuerten einige der Kreuzritter Söldner an, die an ihrer Stelle kämpfen sollten. Weil es ein «frommer» Krieg war, verlangten die Kreuzritter, dass die Söldner sich taufen ließen, bevor sie in den Kampf zogen.
Bei der Taufe ließen sich die Söldner zwar untertauchen, aber sie hielten ihre Schwerter aus dem Wasser heraus, weil sie nicht wollten, dass der Einsatz ihres Schwertes Jesus unterworfen wurde. Was hältst *du* in deinem Leben als Christ aus dem Wasser heraus? Was ist es, wovon du meinst, dass du es besser machen könntest als ich? Du hast nichts zu fürchten, denn du weißt doch eigentlich, dass ich nur das Beste für dich im Sinn habe. Ich möchte die mir vorenthaltenen und trockenen Bereiche deines Lebens ins Wasser der Taufe bringen und sie so benutzen, dass sie dir zum Segen dienen und dir nicht schaden. :-)
Dein Vater,
>Gott

Verliere das Wunder nicht

Warum nur bin ich geboren? Um ein Leben zu führen, das mir nichts als Leid und Elend bringt? Um jeden Tag nur Schimpf und Schande zu ernten?

Jeremia 20,18

Sei gegrüßt, mein Sohn!
>Verliere nicht dein Wissen um das Geheimnis des Lebens oder um die Schönheit deiner Existenz. Ich weiß, wie leicht man in den Trott verfallen kann, jeden Tag seine Checkliste abzuhaken und dann müde ins Bett zu fallen, nur um am nächsten Morgen aufzuwachen und ohne Motivation wieder von vorne anzufangen. Aber das Leben hat viel mehr zu bieten als das! :-o
Ich habe wunderbare Dinge in die Welt gesetzt, die du auf deinem Weg zur Arbeit entdecken sollst. Mach die Augen auf, damit du sie sehen kannst. Ich habe dir jeden Tag Augenblicke gegeben, in denen du das Positive erkennen sollst, das immer noch in meiner Schöpfung steckt. Achte darauf. Und ganz besonders wichtig ist: Ich habe dir einen Willen gegeben, damit du das Wunder des täglichen Lebens wählen kannst anstatt die Verzweiflung des täglichen Sterbens. Wähle das Wunder. Wenn du für alles, was dich umgibt, eingeschlafen bist, dann ist es Zeit, dass ich dich für dieses Fest namens Leben wieder aufwecke.
Der Schöpfer allen Lebens, :-)
>Gott

Geh nicht zurück

Ich konzentriere mich nur noch auf das vor mir liegende Ziel. Mit aller Kraft laufe ich darauf zu, um den Siegespreis zu gewinnen, das Leben in Gottes Herrlichkeit. Denn dazu hat uns Gott durch Jesus Christus berufen.

Philipper 3,13–14

Ich hab da einen Gedanken für dich!
>Ich weiß, es ist verlockend, auf einen besonderen Höhepunkt in deiner geistlichen Reise zurückzublicken und sich zu wünschen, wieder dorthin zurückzugehen. Aber die geistliche Reise ist nicht darauf ausgelegt, dass man an irgendeinen Ort zurückkehrt – egal, wie gut es dort auch war. Der Sinn der Reise ist vielmehr, immer weiterzugehen, auf das Ziel hin. :-o
Heute bist du am besten Ort, an dem du je gewesen bist, unabhängig von den aktuellen äußeren Umständen. Warum? Weil das Heute voller wunderbarer Möglichkeiten steckt. Ich habe dich aus einem bestimmten Grund an diesen Punkt in der Zeit gebracht, und ich führe dich weiter, damit du die Ziele erreichst, die ich für dich vorgesehen habe.
Wenn du im Moment nicht an einem «guten» Ort bist, dann lass dich nicht dazu verleiten, geistlich aktiveren und positiveren Zeiten in deinem Leben nachzutrauern. Danke mir dafür, dass auch der heutige Tag und deine momentane Verfassung etwas Besonderes sind. Ich liebe dich heute genauso sehr wie bei den Höhepunkten.
Dein Reiseführer,
>Gott

Gegen die Begierden fasten

«Geh und ruf alle Juden zusammen, die in Susa wohnen! Fastet für mich! Esst und trinkt drei Tage und Nächte lang nichts!»

Esther 4,16

Hallo, da bin ich wieder!
>Viele Leute missverstehen die Kraft des Fastens und des Betens. Sie glauben, Fasten sei ein Mittel, um zu zeigen, wie ernsthaft und fromm sie sind. Aber darum geht es überhaupt nicht. Fasten ist ein großartiges Mittel für den geistlichen Mann in dir, dem materiellen oder sterblichen Teil von dir den Rücksitz zuzuweisen. :-o Wenn du deinem Körper immer nur gibst, was er will, dann setzt du ihn damit auf den Fahrersitz. Da brauchst du dich nicht zu wundern, wenn er dich dahin bringt, wo *er* will. Aber wenn du deinen Körper immer wieder mal leugnest, dann kann sich dein Geist sammeln und die Kontrolle behalten. :-o
Wenn es dir schwer fällt, Versuchungen zu widerstehen, dann ist Fasten ein großartiges Mittel, das Fleisch zu beherrschen. Das bedeutet nicht, dass du frömmer wärst als jemand, der nicht fastet. Es bedeutet vielmehr, dass du bereit bist, im Kampf über dein eigenes Fleisch und deine Begierden um Hilfe zu bitten. Unterstelle dich mir, und ich werde dir im Kampf beistehen. :-)
Deine Stärke,
>Gott

Große Erwartungen

Deshalb bete ich für euch alle, dass Gott, der diese Hoffnung schenkt, euch in euerm Glauben mit großer Freude und vollkommenem Frieden erfüllt, damit eure Hoffnung durch die Kraft des Heiligen Geistes immer stärker wird.

Römer 15,13

Sei gegrüßt, mein Sohn!
>Erwarte von mir, dass ich in deinem Leben wunderbare Dinge bewirke. Ich tue es wirklich. Selbst wenn du daran zweifelst, dass du es wert bist – erwarte meine barmherzige Berührung und meine verwandelnde Gnade. :-)
Weil du mein Sohn bist, habe ich Pläne, wie ich dich zu einer großartigen Person entwickeln will. Und weil ich dich so sehr liebe, macht es mir einen Riesenspaß, das Gute in deinem Leben noch zu übertreffen und es noch größer zu machen. :-o Auch irdische Väter, die ihre Söhne lieben, wollen ihnen nur das Gute geben. Wie viel mehr möchte ich, dass du Spaß in dem Leben hast, das *ich* dir gegeben habe! Nun, da du mein bist, wird dein Leben weiter wachsen und sich ausweiten; du wirst einen größeren und tieferen Freundeskreis haben; ein sich ständig erweiterndes Repertoire an Erfahrungen und Gaben. Du wirst mein Reich erben. Darum verkaufe dich nicht zu billig. Lass uns gemeinsam dein Leben größer machen. :-)
Der Herr der großen Erwartungen,
>Gott

Die Hand im Handschuh

So schuf Gott den Menschen als sein Ebenbild, als Mann und Frau schuf er sie ... Dann betrachtete Gott alles, was er geschaffen hatte, und es war sehr gut!

1. Mose 1,27 und 31

Hast du dir das schon überlegt?
>Ich habe dich nach meinem Ebenbild geschaffen. Genauso, wie ein Handschuh nach der Form der Hand und der Finger gemacht wird, habe ich dich nach meiner Form gemacht. :-o
Ohne eine Hand, die den Handschuh anzieht, erfüllt dieser seinen Zweck nicht. Aber wenn die Hand drinsteckt, kann dieser Handschuh Erstaunliches leisten. Genauso ist es mit deiner Beziehung zu mir. Ich möchte, dass du dich mit meiner Gegenwart und meinem Sinn und meinen Intentionen für dein Leben füllen lässt. Du bist nicht geformt worden, damit du in etwas anderem Erfüllung findest. Darum werden andere Dinge dich auch niemals ganz ausfüllen. Du bist für mich geschaffen. :-)
Lass mich dich füllen, mein Sohn. Lass mich dir die wunderbaren Werke zeigen, die ich für dich erschaffen habe. Lass mich dir helfen, den Zweck zu erfüllen, für den du gedacht und geschaffen wurdest.
Der, der in dir ist,
>Gott

Glück versus Zufriedenheit

Ob ich nun wenig oder viel habe, beides ist mir durchaus vertraut, und so kann ich mit beidem fertig werden: Ich kann satt sein und hungern; ich kann Mangel leiden und Überfluss haben.

Philipper 4,12

Ich möchte dich gerne etwas fragen:
>Ist deine Zufriedenheit von deinen äußeren Umständen abhängig? Weißt du, Zufriedenheit bedeutet nicht einfach, dass man darüber glücklich ist, wie die Dinge im Augenblick gerade laufen. Zufriedenheit ist vielmehr ein tiefer, unerschütterlicher Friede, den du nur erfahren kannst, wenn du dein Leben ganz in meine Hände gelegt hast. Es ist die frohe Gelassenheit, die sich von veränderten Umständen oder finanziellen Verhältnissen nicht beeinflussen lässt. Glück entsteht durch günstige Umstände, aber Zufriedenheit kann man zu keinem irdischen Preis erkaufen. :-)
Mein Sohn, ich möchte, dass du damit aufhörst, Zufriedenheit durch Glück ersetzen zu wollen. Glück ist ein Stück Würfelzucker, das dir im Mund zergeht; im einen Augenblick ist es noch da, und im nächsten ist es schon verschwunden. Zufriedenheit ist etwas, das nichts mit Schmecken, Sehen oder Riechen zu tun hat. Zufriedenheit ist das Wissen, dass du niemals wieder hungrig sein wirst. Finde diese Zufriedenheit in mir.
Dein Vater,
>Gott

Sei barmherzig wie ich

Selig sind die Sanftmütigen; denn sie werden das Erdreich besitzen ... Selig sind die Barmherzigen; denn sie werden Barmherzigkeit erlangen.

(Luther 1999) Matthäus | 5,5 und 7

Schalom!
>Die Welt ist voller Menschen, die dazu neigen, ihre Nächsten mit einer unschönen Einstellung zu behandeln. Ihre These lautet: «Schuldig bis zum Beweis des Gegenteils.» >:-(Ich möchte aber nicht, dass du solch eine unversöhnliche Person bist. Bete stattdessen für ein Herz, das andere im Zweifelsfall zu ihren Gunsten betrachtet.
Es ist nicht vernünftig, jemand anderen auf dem Kieker zu haben, nur weil er etwas vermasselt hat. Schließlich ist es nur eine Frage der Zeit, bis du derjenige bist, der etwas vermasselt und dann hundertprozentig auf Barmherzigkeit angewiesen ist. Jesus wusste, dass jeder Fehler machen konnte, aber er wusste auch, dass jeder es wert ist, das Geschenk der Vergebung zu erhalten. :-o
Mein Sohn, entscheide dich dafür, genauso barmherzig zu sein wie Jesus. Denke daran, dass er dir auch vergeben hat. Sei darum demütig und sanft gegenüber denen, die dich im Stich lassen. Du hast und wirst selbst immer Barmherzigkeit erfahren.
Der, der dir vergibt, :-)
>Gott

Hier und heute

Doch eins dürft ihr dabei nicht vergessen, liebe Freunde: Gott steht über aller Zeit. Was für uns ein Tag ist, das ist für Gott wie tausend Jahre; und was für uns tausend Jahre sind, das ist für ihn wie ein Tag.

2. Petrus 3,8

Mein lieber Sohn!
>Ich bin nicht in der Zeit «vor Christus» stecken geblieben. Ich laufe auch nicht jeden Tag mit einem Frotteebadetuch herum wie die Hirten in eurem Krippenspiel im Weihnachtsgottesdienst. Diese Zeit, die in der Bibel beschrieben wird, ist wichtig, sonst hätte ich mir nicht die Mühe gemacht, sie aufzuschreiben. Aber ich hänge dort nicht fest. :-o Ich bin der Gott des Gestern, des Heute und des «Für immer und ewig». Ich bin nicht nur mitten in den Dingen, die gerade geschehen; ich kenne auch alles, was in der Zukunft möglich ist. Also halte mich nicht für einen alten Mann, der Angst hat, in einem schnellen modernen Auto zu fahren. Du musst mich heute in deiner Welt sehen. (Hörst du? Heute!) Ich weiß alles, was du durchmachen musst, und ich bin genau in diesem Augenblick bei dir. Lerne mich kennen, wie ich war, wie ich bin und wie ich sein werde. :-)
Der Ultrapostmoderne, Aktuelle und Futuristische, ;-)
>Gott

Trennung ist nicht möglich

Kann man wirklich noch mehr erwarten? Wenn Gott für uns ist, wer kann dann gegen uns sein? ... Was also könnte uns von Christus und seiner Liebe trennen?

Römer 8,31 und 35

Mein geliebter Sohn!
>Du sollst dich nicht schuldig fühlen, wenn du eine Weile keine Zeit mit mir verbracht hast. Du darfst sicher sein: Ich habe dich nicht aufgegeben. Ich vermisse dich, aber es ist immer wieder schön, wenn wir zusammenkommen. Wenn du eine Mauer aus Schuldgefühlen aufbaust, dann hindert sie dich daran, mir zu begegnen. Du bist mein, und nichts kann uns im Letzten voneinander trennen. Selbst wenn du das Gefühl hast, dass wir weit voneinander entfernt sind, liegst du falsch. Ich bin in diesem Augenblick hier bei dir. :-)
Ich wünsche mir für unsere Beziehung, dass du ganz mein bist, so wie ich schon ganz dein bin. Ich wünsche mir mehr als unsere gemeinsamen «stillen Zeiten». Ich mag sie, diese stillen Zeiten, aber mir gefallen auch die lauten Zeiten und all die Zeiten dazwischen. Öffne mir deinen Geist und dein Herz, wo auch immer du bist, und ich werde da sein. Lass nicht zu, dass deine Schuldgefühle dich von mir trennen.
Dein Vater, der immer da ist,
>Gott

Ich bin für dich da

Gott antwortete: «Ich bin euer Gott, der für euch da ist. Darum sag den Israeliten: ‹Ich bin für euch da› hat mich zu euch gesandt.»

2. Mose 3,14

Na, wie geht es dir heute?
>Hast du das Gefühl, dass du alles vermasselt hast? :-(Ich bin der Gott der Vergebung. Wende dich zu mir und empfange diese Vergebung. Hast du das Gefühl, dass du es einfach nicht schaffst? Ich bin der Gott der Stärke. Wende dich zu mir, wenn du müde und schwer beladen bist, und ich werde dir meine Stärke geben. Hast du das Gefühl, dass du so aufgewühlt bist, dass du keinen Frieden findest? Ich bin der Friede. Wende dich zu mir und empfange den Frieden, den du brauchst. Hast du das Gefühl, dass du unterwegs etwas verloren hast (deine Jugend, deine Hoffnung, deine Unschuld)? Ich bin der Gott der Wiederherstellung. Wende dich zu mir, und ich werde alles wiederherstellen, das die Welt dir gestohlen hat. :-)
Weil ich ich bin, kannst du all das sein, wozu du gedacht warst. Weil mein Sohn den Opfertod gestorben ist, kann ich in deinem Leid bei dir sein. Weil er auferstanden ist, kann ich dir die Herrschaft über alle Sorgen geben, die dir deine Hoffnung nehmen wollen. Bleib ganz nahe bei mir.
Der Umsichtige und Allgegenwärtige,
>Gott

Ich sorge für einen Ausweg

Gott steht zu euch. Er lässt nicht zu, dass ihr in der Versuchung zugrunde geht. Wenn euer Glaube auf die Probe gestellt wird, schafft Gott auch die Möglichkeit, sie zu bestehen.

1. Korinther 10,13

Gerade habe ich an dich gedacht!
>Der biblische Held Josef wurde Sklave bei einem Ägypter namens Potifar. Als Potifars Frau versuchte, Josef zu verführen und mit ihm zu schlafen, rannte Josef aus dem Zimmer, als ob er vor dem Tod selbst fliehen würde. Er wusste, wenn er dieser Versuchung nachgegeben hätte, wäre das eine Sünde gegen mich gewesen. Und das war für ihn schlimmer als der Tod. Ich habe für einen Ausweg gesorgt – aber er musste zu mir laufen und vor der Versuchung der Welt fliehen.
Wenn dich die Versuchung in ihren Klauen hat, werde ich immer für einen Ausweg sorgen. Ich werde niemals zulassen, dass du über deine Kräfte in Versuchung geführt wirst. Und ich werde dir Gewissheit darüber geben, was richtig und was falsch ist. Aber du bist dann derjenige, der nach dieser Gewissheit handeln und meinen Fluchtweg einschlagen muss. Wenn du also einmal in den Fängen der Versuchung bist, dann sieh dich sofort nach dem Fluchtweg um, den ich für dich einrichte. Schärfe deinen Blick, entwickle flinke Füße, und mach dich aus dem Staub! :-)
Dein Ausweg aus der Versuchung,
>Gott

Ich will dir begegnen

Aber auch das sage ich euch: Wenn zwei von euch hier auf der Erde meinen Vater um etwas bitten wollen und darin übereinstimmen, dann wird er es ihnen geben. Denn wo zwei oder drei in meinem Namen zusammenkommen, bin ich in ihrer Mitte.

Matthäus 18,19–20

Schalom, mein Lieber!
>Wenn du kommst, um mich anzubeten, dann rechne damit, dass ich dir wirklich begegne. Denn wo zwei oder mehrere in meinem Namen versammelt sind, da bin ich mitten unter ihnen.
Wenn du in die Stadthalle gehst und Karten für das Konzert deiner Lieblingsgruppe hättest, dann würdest du doch bestimmt nicht dasitzen und dich fragen, ob du an diesem Abend Musik zu hören bekämst, oder? Die Sache läuft doch ganz anders: Du kommst dorthin und jubelst dir die Lunge aus dem Hals; die Musiker treten auf und spielen sich das Herz aus dem Leib. ;-) Bei der Anbetung verhält es sich gewissermaßen genauso. Wenn du kommst, dann trete ich auf. Es ist unsere Zeit der Begegnung. Komm, um aktiv daran teilzunehmen. Sing, juble, bete, lobe. Sei aufgeregt. Suche mein Angesicht. Höre auf meine Stimme. Jesus hat am Kreuz sein Herz für dich gegeben, und er will es dir jeden Tag neu geben. Komm voller froher Erwartung, wenn du anbetest. Jesus wird dir begegnen. Und ich auch. Und du wirst eine phantastische Zeit erleben! :-)
Wir sehen uns,
>Gott

Vom Regen in die Traufe?

Bei dir, Herr, suche ich Schutz. Hilf mir und rette mich, du gerechter Gott! Höre mein Gebet! Hilf mir schnell! Wie in einer Burg auf hohem Berg beschütze mich! Ja, Herr ... du bietest mir Schutz, du bist meine Burg! Du wirst mich führen und leiten, wie du es versprochen hast!

Psalm 31,2–4

Hallo! Post für dich!
>Würde ein Lebensretter ins Meer springen und eine ertrinkende Frau retten, nur um sie anschließend wieder in die Wellen zu werfen? Würde das einen Sinn ergeben? Was meinst du? Wie der Lebensretter hat dich meine Gnade gerettet; warum sollte ich dich jetzt wieder aufgeben? Kommt gar nicht in Frage! Stattdessen wird dich meine Gnade an einen sicheren, trockenen Ort bringen, wo du wieder zu Kräften kommen und dich erholen kannst. :-o
Würde ein Feuerwehrmann ein Kind aus einem brennenden Gebäude holen, nur um es in ein anderes brennendes Haus zu bringen? Wohl kaum. Meine Barmherzigkeit hat dich aus dem Feuer der Sünde herausgeholt und deine Füße auf den Weg des Lebens gestellt. Ich habe dich nicht hochgehoben, nur um dich wieder auf deinem eigenen Weg abzusetzen. Wenn ein menschlicher Retter den Geretteten nicht aufgibt, wie viel mehr werde ich bei dir bleiben und dich beschützen? Vertraue mir, mein Sohn. Bei mir kommst du sicher nicht vom Regen in die Traufe. :-)
Dein Retter,
>Gott

Keine Falle für dich

Niemand, der in Versuchung gerät, kann behaupten: «Diese Versuchung kommt von Gott.» Denn Gott, der für das Böse unangreifbar ist, wird niemanden zum Bösen verführen. Es sind vielmehr unsere eigenen begehrlichen Wünsche, die uns immer wieder zum Bösen verlocken.

Jakobus 1,13–15

Darf ich dir etwas sagen?
>Ich bin nicht darauf aus, dich in Versuchung zu führen oder dir eine Falle zu stellen. Ich baue keinen geistlichen Hindernis-Parcours und sehe mir dann an, wie du ihn mühsam bewältigst. Ich wirke gute Dinge in deinem Leben, damit du heil und vollständig in mein Reich kommst.
Ich werde dich nie in die Sünde leiten. Der Teufel ist derjenige, der die Menschen verführt und versucht, sie in die Sünde zu treiben. >:-(Er benutzt dazu dieselbe verlockende Lüge wie damals im Paradies. Seine Lüge beinhaltet das Versprechen, dass der Mensch wie Gott sein kann. Der Mensch ist selbst schuld, wenn er diese Lüge glaubt. Sie beschert ihm im Grunde genommen alle seine Probleme. :-(
Also, sei auf der Hut vor Verführung, mein Sohn, und rufe den Namen von Jesus an, damit er dich von dem tatsächlichen Verführer befreit.
Der, der den Sieg errungen hat,
>Gott

Wir sollten zusammenarbeiten!

Er war umgeben von mächtigen Engeln, jeder von ihnen hatte sechs Flügel ... Sie riefen einander zu: «Heilig, heilig, heilig ist der Herr, der allmächtige Gott! Seine Herrlichkeit erfüllt die ganze Welt.»

Jesaja 6,2–3

Wie geht es dir heute? (Gut, oder?)
>Weißt du, ich wirke im Leben jedes Menschen in deinem Umfeld. Ich bin an jedem Ort, noch bevor du dort auftauchst. Ich liebe jeden Menschen, noch bevor du die Gelegenheit bekommst, ihn oder sie zu lieben. :-o
Glaube nicht, dass meine Gegenwart erst mit dir in eine bestimmte Situation hineinkommt. Ich bin immer schon vorher da. Glaube nicht, dass du mich zu jemandem bringen könntest, den ich nicht schon vorher jeden Tag gesucht habe und dessen Herz ich nicht zu mir rufe.
Ich möchte, dass du mit mir zusammenarbeitest bei der Verwirklichung meiner Ziele. Aber es ist wichtig, dass du die richtige Blickrichtung hast. Bevor du sagst: «Ich bin für diesen Menschen in dieser Situation Jesus», frage lieber: «Wie kann ich mich an dem Werk beteiligen, das Jesus hier schon angefangen hat?» Ich werde dich ganz bestimmt gebrauchen. :-)
Der, der immer schon da ist,
>Gott

Bitte lege alles ab

Ein Weizenkorn, das nicht in den Boden kommt und stirbt, kann keine Frucht bringen. In der Erde aber keimt es ... obwohl es selbst dabei stirbt. Wer sein Leben ... liebt, der wird es verlieren. Wer aber bereit ist, sein Leben ... für Gott einzusetzen, wird es für alle Ewigkeit erhalten.

Johannes 12,24–25

Ich grüße dich herzhaft!
>Wenn du nicht bereit bist, alles abzulegen, das dir so ungemein wichtig ist, dann wirst du niemals Frucht bringen. Wenn du mir nicht dein ganzes Leben anvertraust, dann existierst du nur für dich allein und bist geistlich weitgehend nutzlos. :,-(
Aber wenn du dein Leben in meine Hände legst, dann kann ich diese fruchtbringende Hoffnung deines Lebens nehmen und sie aufblühen lassen und sie dann zu meiner Verherrlichung vervielfachen. Ein Leben, das mir ganz gegeben ist, benutze ich dazu, andere Leben damit anzurühren und sie auf übernatürliche Weise zu mir zu ziehen.
Wenn du erst einmal alles abgelegt hast, dann wird das Leichenschauhaus der Selbstaufgabe zum Garten des Lebens. Dieser Garten ist nicht nur Leben für dich, sondern für all die Leute, die ich zu dir schicke.
Lege alles ab, mein Sohn, und sieh, was ich mit einem Herzen machen kann, das mir ganz zur Verfügung steht :-)
Deine Freiheit,
>Gott

Überlass mir das Ergebnis

Aus seinem Reichtum wird euch Gott, dem ich gehöre, durch Jesus Christus alles geben, was ihr zum Leben braucht. Dafür wollen wir Gott, unseren Vater, in alle Ewigkeit loben und preisen.

Philipper 4,19–20

Schalom!
>Stell dir vor, der beste Konditormeister der Welt würde dir sein weltberühmtes Rezept für den Lieblingskuchen deiner Liebsten geben, damit du ihn zum Geburtstag für sie backen könntest. Der Konditor bringt alle Zutaten, legt sie der Reihe nach hin und erklärt dir dann das Rezept. Wenn du seinen Anweisungen folgst, brauchst du dir ganz bestimmt keine Gedanken zu machen, ob der Kuchen dann auch tatsächlich gelingt.
Wenn du dein Bestes gibst, um meinem Willen nachzufolgen, dann kannst du das Ergebnis ruhig mir überlassen. Ich habe dir meine Anweisungen gegeben. Ich habe einen Plan für dein Heil und ein Leben in Fülle vor dir ausgebreitet. Du musst nicht herumsitzen und ohne Ende darüber nachgrübeln, wie dein Leben wohl sein wird, wenn es aus dem Ofen kommt. Es wird ein kulinarisches Meisterwerk sein! :-)
Also mach dir keine Gedanken über das Endergebnis. Folge mir einfach von ganzem Herzen.
Der mit den besten Zutaten,
>Gott

Durch dich hindurch

Jeder von ihnen wird für das Volk sein wie ein windgeschützter Ort im Sturm, wie ein Schutzdach beim Wolkenbruch, wie ein sprudelnder Bach in der Steppe, wie der kühle Schatten eines hohen Felsens in glühend heißer Wüste.

Jesaja 32,2

Mein Sohn, hast du etwas Zeit?
>Etwas musst du über meine Liebe wissen. Sie ist dir nicht einfach nur gegeben für dein persönliches, warmes, kuscheliges geistliches Gefühl. Wenn du sie nicht mit anderen teilst, vertrocknet sie. :,-(
Meine Liebe soll ein Fluss sein, der durch dich hindurch in die ganze Welt hinaus fließt. Wenn du versuchst, sie zu stauen, um damit deinen eigenen persönlichen See anzulegen, dann wird sie aus deinem Leben verdunsten und du wirst dich fragen, warum sie verschwunden ist. Du wirst sagen: «Aber ich bete doch. Ich bete an. Ich verbringe meine Stille Zeit mit Gott.» Aber – liebst du auch? Teilst du meine Liebe mit der Welt um dich herum? Setzt du dein Leben für andere ein?
Wenn du dich um andere kümmerst, wenn du liebevoll dienst, dann machst du die Ufer weit und lässt meine Wasser des Lebens so fließen, wie ich es gedacht habe. Also, staue den Fluss nicht auf. Lass ihn fließen. :-)
Der Fluss des Lebens,
>Gott

Nicht im zweiten Gang

Dein Wort ist zuverlässig, darum liebe ich es. Ich bin klein und verachtet; trotzdem werde ich dein Wort nicht vergessen.

Psalm 119,140–141

Hallo, da bin ich wieder!
>Viele Menschen verwenden ihre ganze Energie darauf, Herausforderungen auszuweichen. Das sind die Menschen, die finden, sie hätten eine tolle Stelle, wenn sie nur gut bezahlt werden und dafür kaum etwas tun müssen. :-(
Mein Sohn, falle bitte nicht auf solche Gedanken herein. Die besten Stellen sind die, die mehr von dir verlangen, als du dir aufgrund deiner Fähigkeiten jemals zugetraut hättest. Ein Beruf, der dich so fordert, macht dich viel erfüllter und zufriedener, als du es dir jemals vorstellen konntest.
Ich habe dir so viele Talente und Fähigkeiten gegeben. Stell dir vor, du wärst ein Hochleistungs-Rennwagen, der dafür gebaut wurde, allermeistens im höchsten Gang auf einer Hochgeschwindigkeitsstrecke zu fahren. Also, schleiche nicht im zweiten Gang herum. Fürchte dich nicht vor der Herausforderung. Gib Gas. Oder besser: Lass mich Gas geben. ;-)
Der beste Fahrer überhaupt,
>Gott

Fürsorge ohne Grenzen

«Wir haben ja nur fünf Brote und zwei Fische hier!» meinten seine Jünger. «Dann bringt sie her!» sagte Jesus. Er nahm die fünf Brote und die zwei Fische, sah zum Himmel auf und dankte Gott. Dann teilte er das Brot, und die Jünger gaben es ... weiter. Jeder aß sich satt.

Matthäus 14,17–20

Friede sei mit dir!
>Mit dem, was du mir gibst, kann ich im Grunde unendlich viel mehr tun, als du dir je vorstellen kannst. In meinen Händen wird aus wenig viel. :-o Erinnerst du dich, wie Jesus die Fünftausend speiste? Die Jünger blickten aus ihrer menschlichen Perspektive auf das, was sie hatten, und sahen ein paar Fische und etwas Brot. Jesus hingegen sah mit den Augen des Glaubens und sah eine prima Mahlzeit für fünftausend Menschen. Bitte fang an, deine «Grenzen» aus meiner Perspektive zu sehen. Es gibt keine Schranken in dem, was ich für dich tun kann. Auch nicht in Bezug auf das «Wie».
Vertraue darauf, dass ich jedes deiner Bedürfnisse stillen kann. Wenn du begrenzte Mittel hast, dann bring sie zu mir. Lege sie in meine Hände. Ich werde sie segnen und mehr daraus machen. Und dann iss und werde satt. :-)
Dein grenzenloser Fürsorger,
>Gott

Vor allem gut zuhören

Denkt daran, liebe Brüder: Seid immer sofort bereit, jemandem zuzuhören; aber überlegt genau, bevor ihr selbst redet. Und hütet euch vor unkontrolliertem Zorn! Denn im Zorn tun wir niemals, was Gott gefällt.

Jakobus 1,19–20

Hallo, da bin ich wieder!
>Zu welchem Menschen würdest du gehen, wenn du mal reden müsstest – wenn du jemanden bräuchtest, der einfach nur zuhört und nicht urteilt? Du würdest zu einem Freund gehen, dem du vertraust und der mitfühlend ist, nicht wahr? Das gilt nicht nur allein für dich: Zu wem geht deine Frau, wenn sie reden muss und gehört werden will? Wohin gehen deine Kinder? Zu wem gehen deine Freunde?
Viele Männer sind bekannt für ihre Ungeduld und ihre schnellen Ratschläge. Ich rufe dich dazu auf, ein anderer Mann zu sein: schnell im Zuhören, langsam im Reden. Ein Mann, der keine übereilten Ratschläge parat haben muss. Wenn du nicht weißt, wie du dieser Mann sein kannst, werde ich es dich lehren. Ich möchte, dass die Menschen in deinem Umfeld am Ende deines Lebens von dir sagen können: «Er war jemand, zu dem man immer gehen konnte und mit dem man über alles sprechen konnte. Er war im Notfall immer für mich da. Ich musste nie etwas allein durchstehen, weil er da war.» Lass mich dich zu dieser Art Freund machen. :-)
Der Freund, der immer für dich da ist,
>Gott

Bruderliebe – Gottesliebe

Sollte nun jemand behaupten: «Ich liebe Gott», und dabei seinen Bruder hassen, dann ist er ein Lügner. Christus selbst [hat] uns aufgetragen: Wer Gott liebt, der muss auch seinen Bruder lieben.

1. Johannes | 4,20–21

Schalom!
>Da du mich liebst, möchte ich, dass du auch die Menschen liebst, die ich liebe. Wenn du wissen möchtest, wen ich liebe, dann sieh dir die Menschen an, die Jesus liebte, als er auf der Erde war. Er liebte Steuereintreiber und Ausgestoßene, Priester und Machthaber, Juden und Heiden. Er liebte über alle Grenzen hinweg, ob es gesellschaftliche, religiöse, politische oder finanzielle Grenzen waren. Er liebte eine Gruppe von Menschen, und die war dann schockiert, als sie herausfand, dass er auch ihre meistgehassten Feinde liebte. ;-) Ich liebte die Welt so sehr, dass ich euch Jesus gab, damit ihr sehen solltet, was wahre Liebe ist. Und nun, da er gekommen ist, gibt es für Vorurteile und Hass keine Entschuldigung mehr.
Du bist mein Sohn. Ich weiß, dass du mich liebst. Mach diese Liebe vollkommen, indem du all deine versteckten Vorurteile und Hassgefühle aufgibst. Gib deine Klischees über die Menschen auf, die nicht sind wie du, und mach den Versuch, sie so zu lieben, wie Jesus es getan hat. Das ist eine der kraftvollsten Möglichkeiten, deine Liebe für mich auszudrücken.
Der, der die ganze Menschheit liebt,
>Gott

Wachsen und abnehmen

Wer die Braut hat, der ist der Bräutigam; der Freund des Bräutigams aber, der dabeisteht und ihm zuhört, freut sich sehr über die Stimme des Bräutigams. Diese meine Freude ist nun erfüllt. Er muss wachsen, ich aber muss abnehmen.

(Luther 1999) Johannes 3,29–30

Hallo, ich bin's wieder!
>Jeder Prozess muss korrekt beginnen, sonst wird es zu Schwierigkeiten kommen. Johannes der Täufer wusste, dass er für die Rettung der Welt Platz machen musste. Und zwar für den, der die Welt erlösen würde. Er wusste, wenn er im Weg stand, würde er nicht nur für sich selbst alles verderben, sondern auch für die anderen, zu deren Rettung Jesus gekommen war. Daher wusste Johannes, dass sein Einfluss abnehmen, der Einfluss Jesu aber zunehmen musste. :-o
Und jetzt fordere ich dich heraus: Mein Sohn, etwas Ähnliches muss in deinem Leben passieren. Wenn der Prozess deiner Heiligung weitergehen soll, dann mach bitte Platz für das, was ich tue. Dein Terminkalender muss abnehmen, damit meiner zunehmen kann. Die Welt legt solch einen Schwerpunkt auf das persönliche Wachstum, dass es schwer ist, das persönliche Abnehmen als Nutzen zu begreifen. Aber im geistlichen Leben ist der einzige Weg, mir Raum zu verschaffen, dass du dich selbst mehr und mehr aus dem Weg räumst. Daher folge dem Beispiel von Johannes und gib meinen Plänen Raum. :-)
Immer mehr,
>Gott

Demonstration der Liebe

Niemand hat Gott jemals gesehen. Doch wenn wir einander lieben, wird sichtbar, dass Gott in uns lebt und wir von seiner Liebe erfüllt sind.

1. Johannes 4,12

Ein neuer Gedanke für dich:
>Manchmal kann ein anderer mich am deutlichsten daran erkennen, wie ich in dir lebe. Du bist mein wandelndes, sprechendes Evangelium, das mitten in der heutigen Welt lebt. :-o
Ich habe mir in dir ein Zuhause geschaffen, und jeder, den du in dein Leben hereinlässt, wird sehen, dass ich dort lebe. Er wird die Wärme meines Geistes spüren und das Licht meiner Hoffnung sehen, das in einer dunklen, kalten Nacht leuchtet. Er wird die Umarmung meiner Liebe spüren und den Duft meiner Gnade riechen. :-) All dies ist in dir, weil ich in dir lebe. Und diese Dinge werden in dir vollkommen gemacht, wenn du die Menschen liebst und mein einladendes Evangelium der Hoffnung lebst.
Verpasse nicht die Gelegenheit, mit anzusehen, wie meine Liebe in deinem Leben immer vollkommener wird. Wenn du deinen Nächsten liebst, dann demonstrierst du der Welt damit meine vollkommene Liebe.
Die Liebe in Vollkommenheit,
>Gott

Herr über Boot und See

Auf dem See brach plötzlich ein Sturm los. Aber Jesus schlief. Da weckten ihn die Jünger und riefen voller Angst: «Herr, hilf uns, wir gehen unter!» ... «Habt doch mehr Vertrauen zu mir!» Dann stand [Jesus] auf und bedrohte den Wind und die Wellen. Sofort legte sich der Sturm.

Matthäus 8,24–27

Mein lieber Sohn!
>Petrus war ein versierter Fischer. Aber auch nach Jahren des Fischens hatte er den See, von dem er lebte, nie wirklich in den Griff bekommen. Inmitten eines unkontrollierbaren Sturms erkannte Petrus die Nutzlosigkeit seines Wissens über Boote, Wellengang und die Takelage. :-o Für Petrus war Jesus ein Zimmermann, kein erfahrener Seemann, und so ließ er ihn ein wenig schlafen, während die anderen fischten. Aber als der Sturm aufkam, rief Petrus den Herrn über die ganze Welt zu Hilfe. Du siehst, Petrus steuerte zwar das Boot, aber Jesus hatte die Macht über das Wetter und den See.

Als Jesus wach war, tat er, wozu ich ihn gesandt hatte. Er rüstete Petrus und die Jünger mit seinem Frieden aus. Er beruhigte den Sturm, damit sie navigieren konnten. Er trat in Petrus' Spezialgebiet ein und übernahm dort die Kontrolle.

Willst auch du mir die Kontrolle über deine Spezialgebiete übertragen? Wenn du mich zum Herrn über jeden Bereich deines Lebens machst, dann wird dies in dir Frieden freisetzen. :-o

Der beste Navigator,
>Gott

Liebe spüren und ausdrücken

Man zündet ja auch keine Lampe an und deckt sie dann zu ... Man stellt sie so auf, dass sie allen im Haus Licht gibt. Genauso soll euer Licht vor allen Menschen leuchten. An euren Taten sollen sie euren Vater im Himmel erkennen und ihn auch ehren.

Matthäus 5,15–16

Schalom, mein Lieber!
>Es gibt einen großen Unterschied darin, ob man weiß, wie sehr man jemanden liebt, und darin, wie man diese Liebe zum Ausdruck bringen kann. Deine Familie und deine Freunde müssen wissen, wie sehr du sie liebst. Aber es ist schwer für sie, deine Liebe abschätzen zu können, wenn du sie nicht zeigst. Sie müssen sie an dem erkennen, wie du Zeit mit ihnen verbringst, was du ihnen sagst und wie du sie behandelst. :-)
Wenn ich meine geliebten Kinder einfach mitten in die Schöpfung hineingestellt und mich dann zurückgezogen hätte, dann müssten sie raten, ob ich sie wohl liebe. Stattdessen habe ich in biblischen Zeiten zu ihnen gesprochen, und ich spreche auch heute mit dir. Ich bin immer da, um Zeit mit dir zu verbringen und dir zuzuhören. Und der größte Ausdruck meiner Liebe ist, dass ich das Leben meines Sohnes, meines eigenen Fleisch und Blutes, gegeben habe.
Geh heute zu deinen Lieben und sage ihnen, dass du sie liebst. Nimm sie in den Arm. Verbringe Zeit mit ihnen. Verleih deinen Gefühlen Ausdruck! :-)
Der, der dich liebt,
>Gott

Deine Herzenswünsche

Er gebe dir, was du von Herzen wünschst; was du dir vorgenommen hast, lasse er gelingen!

Psalm 20,5

Ich muss da an etwas denken:
>Seit du ein kleines Kind warst, habe ich immer genau gewusst, was du wolltest, wenn du dir zum Geburtstag etwas wünschen durftest und die Kerzen ausgeblasen hast. Ich habe immer gewusst, was dir am wichtigsten war – einfach deshalb, weil es auch mir wichtig war.
Ich möchte nicht, dass du glaubst, die ehrlichen Hoffnungen deines Herzens seien schlecht. Es ist keine Sünde, sich etwas zu wünschen, das gut ist, und auf etwas Großartiges zu hoffen, das in dein Leben strahlen kann. Diese Dinge *über mich* zu stellen, ja, das ist tatsächlich Sünde, aber sie zu wünschen nicht. :-o
Ich bin der Gott, der dich zum Träumen befreit. Die ehrlichen und frommen Wünsche deines Herzens sind mir sehr, sehr wichtig. Sie sind ein großer Teil deiner Persönlichkeit. Ich habe dir diese Träume gegeben, und ich habe dir auch die Fähigkeiten und die wunderbaren Gaben geschenkt, sie zu verwirklichen. :-)
Der, der dein Herz sehr gut kennt,
>Gott

Triff mich morgens

Du bist mein König und mein Gott, zu dir schreie ich, dich flehe ich an! Schon früh am Morgen bringe ich dir ein Opfer und bete, weil ich weiß: Du hörst mich.

Psalm 5,3–4

Das wollte ich dir schon immer mal sagen:
>Wenn du morgens aufwachst, dann warte ich schon auf dich. :-) Triff mich morgens, wenn du kannst. Komm zu mir und bitte mich um Kraft – ich will sie dir geben. Bitte um Klarheit – ich will den Müll aus deinem Kopf wegräumen und dir einen geistlichen Blick geben.
Ich will dich treffen, und gemeinsam gehen wir den Tag an. Wenn du aufwachst, sag: «Guten Morgen, Vater.» Frühstücke mit mir. Teile deine Hoffnungen und Ängste über den neuen Tag mit mir. Und wenn es dann Zeit ist, sich an die tägliche Arbeit zu machen, dann nimm mich mit. Wir schaffen es gemeinsam. Ich bin den ganzen Tag über bei dir.
Renne nicht allein in deinen Tag hinein. Triff mich am Morgen, und gemeinsam machen wir aus dem Tag das Bestmögliche.
Dein täglicher Fürsorger,
>Gott

«Missing in Action»

Schon brechen die Wächter auf der Mauer in Freudengeschrei aus; alle miteinander jubeln, denn mit eigenen Augen sehen sie, wie der Herr zum Berg Zion zurückkehrt.

Jesaja 52,8

Sei gegrüßt!
>Die Familienmitglieder eines vermissten Soldaten werden diesen sicherlich nie vergessen. Sie werden sich niemals so verhalten, als ob er tot wäre. :,-(In den USA hängen viele in ihren Vorgärten sogar besondere Fahnen für die Vermissten auf, um damit zu dokumentieren, dass sie den nicht heimgekehrten Soldaten nicht vergessen können. Oft setzen sie ihr ganzes Geld ein, um ihn zu finden und wieder nach Hause zu bringen. Genauso solltest du es als Christ machen, wenn du siehst, wie christliche Brüder oder Schwestern sich vom Glauben abwenden. Gib sie niemals auf. Versuche liebevoll zu erfahren, was sie dazu gebracht hat. So lange sie leben, wird sich ihr Geist danach sehnen, wieder nach Hause zu kommen. Und so lange du lebst, sollte dein Glaube hoffen und beten, dass sie wieder zurückkommen.
Hänge eine Fahne nach draußen (oder lege eben einen Merkzettel in deine Bibel), und hilf den geistlich Vermissten, zu mir nach Hause zu kommen.
Der Eine, der wartet,
>Gott

«Mission Possible»

Aber Mose erwiderte: «Ich soll zum Pharao gehen und die Israeliten aus Ägypten herausführen? Wer bin ich schon?» Der Herr antwortete: «Ich stehe dir bei.»

2. Mose 3,11–12

Hallo, du hast Post!
>Ich habe dich für große Aufgaben geschaffen. Manchmal sehen diese Aufgaben so aus, als gingen sie weit über deine Möglichkeiten hinaus. :-o Aber sei gewiss, wenn ich dich zu etwas berufe, dann habe ich nicht die falsche Telefonnummer gewählt. Ich kenne dich: deine Gaben und auch deine Schwächen. Und weil ich dich kenne, weiß ich, warum ich dir die Aufgabe gebe, die du erfüllen kannst. Schließlich ist es nicht deine Fähigkeit oder Unfähigkeit, die über das Endergebnis entscheidet. Entscheidend sind vielmehr dein Gehorsam mir gegenüber und der Umstand, dass ich dich wunderbar ausstatte, so dass scheinbar unmögliche Missionen durchaus möglich werden.
Ich entscheide mich dazu, dich kraftvoll zu gebrauchen. Akzeptiere meinen Auftrag nicht auf der Grundlage von Überlegungen, wie *du* darangehen würdest. Akzeptiere ihn auf der Grundlage deines Glaubens an das, was ich durch dich tun kann und will. :-)
Diese Nachricht zerstört sich *nicht* nach wenigen Sekunden. ;-)
>Gott

Unwandelbares Wesen

Lasst euch also nichts vormachen, liebe Brüder! Alles, was gut und vollkommen ist, das kommt von Gott, dem Vater des Lichts. Er ist unwandelbar; niemals wechseln bei ihm Licht und Finsternis, Gutes und Böses.

Jakobus 1,16–17

Ich grüße dich!
>Hat dein Chef dir gegenüber schon einmal angedeutet, dass du eine Gehaltserhöhung bekommen solltest, und dann hat er sie doch jemand anderem gegeben? Hast du schon einmal gedacht, du wärst der große Gewinner bei einem Werbe-Preisausschreiben, nur um dann im Kleingedruckten zu lesen, dass die ganze Sache purer Schwindel war? Das Leben ist wirklich voller großer, leerer Versprechungen. :,-(
Anders als diese «Heute-da-morgen-weg-Versprechungen» ändert sich mein Wesen nie. Ich verspreche dir nichts, das ich dann doch einem anderen gebe. Ich erfreue mich nicht nur an dir, wenn du tolle Dinge tust, und wende dir dann meinen Rücken zu, wenn du schlecht dastehst. Ich habe keine zwei Gesichter. Ich bin auf dem ganzen Weg, zu jeder Zeit, mit dir. Darum kannst du mir vertrauen. Ich bin das solide Fundament, das sich niemals verschiebt oder zerbröckelt – das Fundament, auf dem du dein Leben bauen kannst. Vertraue mir, mein Sohn. Ich bin der treueste Freund, den du jemals haben wirst, und dein zuverlässigster Verbündeter.
:-)
Der Unwandelbare,
>Gott

Meine Liebe ist ein Diamant

Wie ein Apfelbaum unter den Bäumen des Waldes, so ist mein Liebster unter allen andren Männern! In seinem Schatten möchte ich ausruhn und seine Früchte genießen. Ins Weinhaus hat er mich geführt, dort zeigt er mir, dass er mich liebt.

Hoheslied 2,3–4

Mein geliebter Sohn!
>Wer ist der Mensch in deinem Leben, der dich in allen Lebenslagen geliebt hat, mit dir durch dick und dünn gegangen ist? Deine Mutter, dein Vater, der Großvater, ein Freund? Ich liebe dich noch mehr, als dieser Mensch dich je lieben konnte. Seine Liebe ist wie ein Edelstein mit nur einer Facette. Aber meine Liebe ist ein Diamant mit unzähligen Facetten, die mein Wesen in jedem Bereich deines Lebens widerspiegeln. :-o
Meine Liebe ist eine schützende Decke über dir. Sie ist mein Schlachtruf, wenn ich auf deine Feinde losgehe. Meine Liebe ist der Tisch, an dem du und ich sitzen und uns von unserem Leben erzählen. Meine Liebe kann dich nicht aufgeben. Sie wendet sich nicht von dir ab. Sie kann nicht gekauft oder verkauft werden. Nichts kann meine Liebe aufhalten. Meine Liebe ist auf vollkommene Art in Jesus manifestiert, der bewiesen hat, dass mein Engagement dir gegenüber nicht totzukriegen ist. :-) Durch sein Opfer kann meine Liebe auf der Erde so wie im Himmel leuchten.
Ich liebe dich, mein Sohn,
>Gott

Mein Platz in deinem Herzen

Wer aufrichtig ist, nimmt Gott ernst; wer krumme Wege geht, missachtet ihn ... Wer krumme Wege geht, bekommt, was er verdient; der Gute aber wird belohnt.

Sprüche | 14,2 und 14

Eins ist mir wichtig:
>Hast du dich eigentlich noch nie gefragt, warum du manchmal keine Lust hast, deine Zeit mit mir zu verbringen oder in meiner Gegenwart zu sein? Oft ist es so, weil du andere Dinge in dein Leben hereingelassen hast, die dich ablenken. :-(Dies können sündhafte Dinge sein wie Neid oder Gier, aber auch scheinbar harmlose Hobbys wie zum Beispiel Angeln oder Werken mit Holz. Wenn du diesen konkurrierenden Interessen bedeutend mehr Aufmerksamkeit widmest als mir, dann sind sie allerdings keineswegs harmlos. :,-(
Du wirst das, was in deinem Leben an erster Stelle steht, immer gegen alles andere verteidigen. Wenn du mich also vom ersten Ehrenplatz in deinem Herzen verdrängst, dann werde ich zum Hindernis für das, was dir wirklich wichtig ist. Und an diesem Punkt ist unsere Liebesbeziehung gefährdet.
Du bist mein Freund und mein Sohn. Habe ein aufrechtes Herz, das mich an die erste Stelle setzt, und kämpfe dafür, dass das auch so bleibt. :-)
Der in deinem Herzen wohnen will,
>Gott

Kein anderer Künstler

Dennoch bist du, Herr, unser Vater! Wir sind der Ton, und du bist der Töpfer! Wir alle sind Gefäße aus deiner Hand.

Jesaja | 64,7

Schalom!
>Ich forme dich zu einem einzigartigen Kunstwerk. Niemand auf der Erde ist wie du. Ich habe ganz besondere Pläne für dein Leben. Du brauchst für die Gemeinde nicht unbedingt das mega Vorbild eines frommen Mannes zu werden. Du musst ganz sicher auch nicht versuchen, die Auffassung der Welt von einem reifen oder erfolgreichen Mann zu erreichen. Und deine eigenen Vorstellungen, wer du sein sollst, können sich ebenfalls mit meinen Plänen überkreuzen. Wenn du zulässt, dass diese anderen Meinungen einen Einfluss auf deine Entwicklung haben, dann lässt du gewissermaßen andere Künstler an deine Entstehung Hand anlegen. :-(Werde stattdessen lieber der Mann, der du nach *meinen* Vorstellungen werden sollst!
Bringe alles, was du bist, in mein Licht, und lass mich dir Klarheit verschaffen. Lass mich alles in Ordnung bringen. Ich will dir zeigen, wonach du streben sollst, wofür du danken und welche Dinge du loslassen sollst. Ich bin der Töpfer, und du bist der Ton. Lass keine Möchtegern-Künstler Hand an dich legen. :-)
Der vollkommene Künstler,
>Gott

Essiggurken brauchen Zeit

Reinige mich von meiner Schuld, dann bin ich wirklich rein; wasche meine Sünde ab, und mein Gewissen ist wieder weiß wie Schnee!

Psalm 51,9

Mein Friede sei mit dir!
>Es dauert lange, bis aus einer Gurke eine Essiggurke geworden ist. Man muss sie würzen, einlegen und einkochen, und vor allem braucht sie viel Zeit. Wenn sie fertig ist, kann man sie nicht mehr als Gurke bezeichnen. Jetzt ist sie eine Essiggurke. ;-)
Ich bringe dich aus der Dunkelheit ins Licht. Ich verändere dich vom Alten zum Neuen. Erwarte keine schnelle Zubereitung. Die Zutaten für die Veränderung sind schon bereitgelegt, aber du musst durch den Veränderungsprozess hindurch. Zuerst musst du gekocht werden, bis du demütig wirst und bereit bist zu empfangen. Dann wirst du eingeweicht in der Gegenwart meines Heiligen Geistes und abgeschmeckt mit meinem Wort. Etwas Druck und Drangsal zur Verfeinerung des Charakters sind auch nötig. Und keines davon ist über Nacht erledigt. :-o
Innerhalb eines Augenblicks bist du gerettet, aber es dauert lange, bis du verwandelt bist. Sei bereit, mir Zeit zu geben, um den Prozess deiner Veränderung vorzunehmen!
Der, der dich verändert,
>Gott

Kraftvolles in schwacher Hülle

Gott hat sich die Schwachen ausgesucht, die aus menschlicher Sicht Einfältigen, um so die Klugen zu beschämen. Gott nahm sich der Schwachen dieser Welt an, um die Starken zu demütigen.

1. Korinther 1,27

Hallo, hier bin ich wieder!
>Ich habe viele kraftvolle Dinge in schwache Hüllen gesteckt. Mose war ein Redner mit Sprachschwäche. Jeremia, einer meiner Propheten, war noch ein Jüngling, als ich ihn berief. Jesus, der König der Welt, kam als kleines Baby in einem Stall zur Welt. ;-)
Auf der anderen Seite habe ich auch viele Schwächen in sehr mächtigen Behältern gesehen. Saul war größer und stärker als jeder andere, aber sein Herz und sein Geist erwiesen sich als schwach. Goliath war ein Riese, der von einem jungen Mann mit einem großen Herz getötet wurde. Das Römische Weltreich regierte die Welt, aber seine Macht konnte die Wahrheit und Macht des kleinen Babys, das ich oben erwähnt habe, nicht überdauern.
Du bist mein Sohn. Ich möchte nicht, dass du die Lügen der Äußerlichkeiten akzeptierst. Mach dir keine Gedanken, was die Leute über dich denken. Ich habe kraftvolle Dinge in dich hineingelegt. Lass mich deinen Charakter entwickeln, den inneren Mann, den nur du und ich sehen können. :-)
Dein Schöpfer,
>Gott

Echte Männer haben Gefühle

Glücklich sind die Traurigen, denn Gott wird sie trösten.

Matthäus 5,4

Mein lieber Sohn!
>Frauen haben den Markt der Gefühle nicht für sich gepachtet. Auch Männer haben Gefühle, ob sie diese nun in Worte fassen können oder nicht. Du musst wissen, dass es nicht das Merkmal für einen echten Mann ist, wenn er mit Gefühlen nichts anfangen kann. Nein, wenn du nicht in der Lage bist, zu fühlen und deine Gefühle deiner Umwelt gegenüber verständlich auszudrücken, dann verpasst du eine Menge von dem, wofür ich dich geschaffen habe. Du wärst kein guter Ehemann für deine Frau, kein guter Vater für deine Kinder, kein guter Freund für deine Freunde.
Jesus weinte über den Verlust seines Freundes Lazarus. Er verlieh seiner Liebe zu den Jüngern Ausdruck, indem er ihnen die Füße wusch, sie bestätigte und ihre Freuden und Sorgen teilte. Du bist mein Sohn. Lass dich nicht vom falschen Bild des abgeklärten und über alle Gefühle erhabenen Mannes irreführen. Sei frei, über das zu weinen, was dich schmerzt, und darüber zu lachen, was dich freut. Ich werde dich in deinem Schmerz trösten und mit dir in deiner Freude lachen. :-)
Der Herr deiner Gefühle,
>Gott

Nimm Kritik demütig an

Liebe, die offen zurechtweist, ist besser als Liebe, die sich ängstlich zurückhält. Ein Freund meint es gut, selbst wenn er dich verletzt; ein Feind aber schmeichelt dir mit übertrieben vielen Küssen.

Sprüche 27,5–6

Du hast Post!
>Ein frommer Mann hat genügend Zuversicht, um Kritik vertragen zu können. Ein stolzer, unreifer Mann meint immer, die ganze Zeit Recht haben zu müssen. Männer neigen dazu, Zurechtweisungen zu hassen, und sie verwenden viel Energie darauf, Verteidigungsstellungen aufzubauen, damit sie sie nicht erfahren müssen.
Es ist vollkommen in Ordnung, wenn man Fehler macht. Ein Mann, der aus seinen Fehlern lernen kann, ist viel besser dran als einer, der sein Leben damit verbringt, sich vor seinen Fehlern zu schützen und sie zuzudecken. :-(
Mein Sohn, ich fordere dich auf, demütig zu sein; ein Mann, der zugeben kann, wenn er sich geirrt hat, und der anerkennen kann, dass manchmal ein anderer mehr weiß als er selbst. Wenn du konstruktive Kritik bekommst, dann halte Rücksprache mit mir, bevor du das Gefühl verspürst, dich rechtfertigen zu müssen. Ich werde dir zeigen, wie du reagieren sollst und was du als Reaktion darauf tun kannst. Ich mache aus dir einen besseren Mann. :-)
Dein «Sicherheitsdienst»,
>Gott

Bleib nicht stehen

Niemand flickt ein altes Kleid mit neuem Stoff. Der alte Stoff würde an der Flickstelle doch wieder reißen, und das Loch würde nur noch größer.

Matthäus 9,16

Wie geht es dir heute?
>So oft fürchten sich Christen davor, etwas Neues auszuprobieren. Sie bekommen von mir eine Erkenntnis und glauben fälschlicherweise, dass sie jetzt alles wüssten, was es über mich zu wissen gibt. Und so schlagen sie ihr Zelt an diesem Punkt der Erkenntnis auf und bleiben dort stehen. :,-(
Leider ist es dann sehr schwierig, sie dazu zu bewegen, dass sie wieder weitergehen. Meist ist aus ihrem Zelt schon ein solides Gebäude geworden, und die Erkenntnis wurde in Stein gemeißelt. Und wenn dieser Schrein fertig ist, ist kein Platz mehr übrig für eine neue Erkenntnis. Stell dir vor, Abraham wäre dort geblieben, wo ich mich ihm zum ersten Mal zu erkennen gegeben hatte. Er hätte niemals die Verheißungen empfangen, die sich auf dem Weg mit mir erfüllt haben.
Mein Sohn, du hast nur das Lächeln auf meinem Gesicht gesehen. Es gibt noch so viel mehr, das ich dir von mir gerne offenbaren möchte. :-) Baue keinen Schrein für das, was du bereits von mir weißt. Halte die Augen und dein Herz offen für eine neue Erkenntnis.
Immer in Bewegung,
>Gott

Stachelige Beziehungen

Verbindet euch herzliche und mitfühlende Liebe? Darüber würde ich mich sehr freuen. Vollkommen aber ist meine Freude, wenn ihr die gleiche Gesinnung habt, in der einen Liebe miteinander verbunden bleibt und fest zusammenhaltet.

Philipper 2,1–2

Sei von Herzen gegrüßt!
>Beziehungen zwischen Menschen sind oft vergleichbar mit Stachelschweinen in einer kalten Nacht. Stachelschweine brauchen einander, um sich zu wärmen, aber sie stechen sich immer gegenseitig, wenn sie sich einander nähern. Also weichen sie wieder zurück und versuchen es noch einmal, in der Hoffnung, dass es dieses Mal funktioniert. ;-)
Die Menschen haben ihre eigenen Stacheln aus Egoismus und Stolz. Sie haben scharfe Spitzen aus Unversöhnlichkeit und harten Urteilen. Wenn sie versuchen, sich einander zu nähern, stoßen sie unweigerlich an die schärfsten Spitzen der Persönlichkeit des anderen. Sie können dann entweder aufgeben und sich zurückziehen, oder sie machen weiter und bemühen sich um die Wärme der Gemeinschaft.
Du weißt, dass du in deinem Leben andere Menschen brauchst. Du brauchst ihre Freundschaft und ihre Gesellschaft. Lass mich dir helfen, selbst weniger stachelig zu werden, während du dich neu darauf einstellst, dich in eine Gemeinschaft hineinzubewegen.
Der Schöpfer aller Nähe, :-)
>Gott

Steh auf und tanze

«Steh auf, nimm deine Tragbahre und geh nach Hause!» Da stand der Kranke auf und ging nach Hause. Die Menschen erschraken, als sie das sahen. Sie lobten Gott, der einem Menschen so große Macht gegeben hatte.

Matthäus 9,6–8

Schalom, Friede sei mit dir!
>Als Jesus dem Gelähmten befahl, aufzustehen und nach Hause zu gehen, da stand dieser auf und ging los. Und dann war er wahrscheinlich so überwältigt von Dankbarkeit, dass er nur noch frohlockte. :-)
Für eine Heilung dankbar zu sein, heißt nicht, dass man nun aufsteht und Jesus intensivstens fragt, warum er es zugelassen hat, dass man so viele Jahre gelähmt gewesen ist. Es heißt vielmehr, dass man aufsteht und die Straße hinuntertanzt und mich für meine Segnungen lobt. Hast du die Freude der Dankbarkeit für das, was ich dir gegeben und an dir getan habe, noch in dir? Oder fragst du lieber dauernd, warum ich dir nicht das gegeben habe, von dem du meinst, dass du es doch so sehr verdient hättest?
Freue dich an allen Dingen, die du hast. Erkenne, dass ich dein Herz heile. Steh auf und tanze. :-)
Dein Heiler,
>Gott

Hol die Zweifel aus dem Schrank

Bittet Gott, und er wird euch geben! Sucht, und ihr werdet finden! Klopft an, dann wird euch die Tür geöffnet! Denn wer bittet, der wird bekommen. Wer sucht, der findet. Und wer anklopft, dem wird geöffnet.

Matthäus 7,7–8

Gerade habe ich wieder an dich gedacht!
>Denen, die nicht suchen wollen, gilt das Versprechen, dass sie die Wahrheit finden werden, nicht. Wenn du einen falschen, nach außen gerichteten Glauben hast, der einfach jeden inneren Zweifel, den du hegst, leugnet, dann wirst du wahrscheinlich nicht wirklich die Wahrheit finden. Es ist Zeit, dass du zu dir selbst und auch mir gegenüber ehrlich wirst. Hol deine Zweifel aus dem Schrank und stelle sie ins Licht. Lass uns darüber reden. Lass uns die Bibel gemeinsam durchsuchen. Glaube bedeutet nicht, dass man alle Zweifel einfach leugnet. Er bedeutet vielmehr, dass man Antworten sucht und dass man probiert, eine wirkliche Lösung für den Missklang dieses Zweifels zu finden.
Wenn du furchtlos nach Antworten suchst, wirst du mich finden. Wenn du aufhörst, dir vorzumachen, dass du einen kugelsicheren äußerlichen Glauben hast, wirst du erstaunliche Gelegenheiten bekommen, einen soliden inneren Glauben aufzubauen. Ich bin die Wahrheit. Suche, und du wirst finden. :-)
Die Wahrheit schlechthin,
>Gott

Suche mich zuerst

Euer Vater im Himmel weiß ganz genau, dass ihr das alles braucht. Gebt nur Gott und seiner Sache den ersten Platz in eurem Leben, so wird er euch auch alles geben, was ihr nötig habt.

Matthäus 6,32–33

Ein Gedanke für dich:
>Wenn du immer nur nach den Dingen strebst, von denen du glaubst, dass du sie brauchst, dann wirst du ein Leben in Enttäuschung, Besserwisserei und Furcht führen. Aber wenn du mich zuerst suchst, dann bekommst du alles, was du brauchst, noch dazu.
Wenn du vorangehst und deine Augen immer gerade auf mich gerichtet hältst, dann werden dir die Dinge, die du brauchst, auf diesem geraden Weg begegnen. Aber wenn du hier und dort herumläufst und nur nach all den Dingen suchst, von denen du meinst, dass du sie so nötig hättest, dann sind deine Augen von mir abgewandt und du gehst verloren. :-(
Wenn du den inneren Frieden hast, zu wissen, dass du mich zuerst suchen sollst, dann wird jede Entscheidung leichter. Deine Prioritäten werden dann klar sein. Du wirst dir weniger Sorgen machen. Du wirst mir näher sein. Wirklich, du kannst dich an meinem Versprechen festhalten, dass ich dir alles gebe, was du brauchst. :-)
Deine erste Priorität,
>Gott

Gib deine Segnungen weiter

Weil wir aber so eng mit Christus verbunden sind ... sind wir erst recht dazu verpflichtet, auf die Ängstlichkeit der anderen Rücksicht zu nehmen und nicht selbstgefällig auf die eigene Freiheit zu pochen.

Römer 15,1

Mein Friede sei mit dir!
>Durch das selbstlose Opfer von Jesus wurdest du von der Sünde und dem Egoismus befreit. :-o Nun, da du zu diesem Preis erkauft worden bist, kannst du nicht einfach weiter egoistisch handeln. Ich bitte dich: Lebe dein Leben mit offenen Händen.
Wenn dich beispielsweise jemand bittet, ihm etwas Geld für ein Essen zu geben, dann tue es – oder besser: Kauf ihm etwas zu essen. Vergiss nicht: Dein ganzes Leben könnte dir in der nächsten Minute genommen werden. Nichts gehört dir, das du behalten könntest. Du hast alles nur von mir geliehen, also verweigere es anderen nicht, die in Not sind. Ich habe dich nicht nur dazu gesegnet, dass du alles hast und besitzt, mein Sohn. Sondern auch, damit du mit anderen teilen sollst, die es nötig haben und dich brauchen. Suche mich und lerne, wie du deine Segnungen einsetzen sollst, um damit andere zu segnen.
Der Vater aller Segnungen,
>Gott

Öffne dein Warenlager

Wer sich selbst anpreist mit dem, was er zu bieten hat, und dann seine Versprechungen nicht hält, der gleicht den Wolken, die den ersehnten Regen nicht bringen.

Sprüche 25,14

Mein Friede sei mit dir!
>Es ist eine Sache, Gaben zu haben, und etwas ganz anderes, diese Gaben zu dem Zweck einzusetzen, für den man sie bekommen hat. Du weißt, welche Fähigkeiten du hast, und du weißt, dass ich sie benutzen kann. Aber das reicht nicht.
Ich habe dich nicht zu einem Warenlager voller guter Ware gemacht, nur damit du hinter dir abschließt und den Schlüssel versteckst. Ich habe diese guten Dinge in dich hineingelegt, und jedes ist mit einer bestimmten Lieferadresse versehen. Diese Dinge sind dazu vorgesehen, dass sie zu anderen Menschen in die Welt hinaus kommen. :-o
Ich ermutige dich, das Warenlager deiner Gaben zu öffnen und zu beginnen, sie an meine Adressaten zu versenden. Währenddessen sorge ich dafür, dass dein Lager immer gut gefüllt ist, damit du viele zufriedene Empfänger hast. :-)
Der Geber aller Gaben,
>Gott

Tritt ins Licht hinein

Von ihm kommt alles Leben, und sein Leben ist das Licht für alle Menschen. Er ist das Licht, das die Finsternis durchbricht, und die Finsternis konnte dieses Licht nicht auslöschen.

Johannes 1,4–5

Mein geliebter Sohn!
>Hast du dich schon einmal gefragt, warum manche Leute ein wenig unruhig oder ängstlich werden, wenn du beginnst, von mir zu reden? Oft liegt der Grund darin: Wenn mein Licht auf eine Person scheint, dann scheint es in jede dunkle Ecke und jeden Winkel ihres Herzens. Ich leuchte nicht nur auf die Teile eines Menschen, an denen er hart gearbeitet hat, so dass er sie strahlend und annehmbar präsentieren kann. Ich bringe *alles* ans Licht. :-o
Ein Mann, der ganz ins Licht getreten ist, hat nichts zu fürchten. So ein Mann war schon meinem Licht ausgesetzt und hat gesehen, wer er wirklich ist: eines meiner Kinder, und ein Sünder, der eines Erlösers bedarf. Wenn dieser Mann von mir gerettet worden ist, dann ist er auf dem Weg hin zu dem Mann, zu dem ich ihn geschaffen habe.
Bist du schon ganz ins Licht getreten? Nimm meine Hand, und lass mich dir die Furcht nehmen. In der Reinheit meines Lichtes will ich dir zeigen, wozu ich dich geschaffen habe. :-)
Das Licht im Dunkel,
>Gott

Steig aus dem Boot

Gegen vier Uhr morgens kam Jesus auf dem Wasser zu ihnen. Da rief Petrus: «Herr, wenn du es wirklich bist, lass mich auf dem Wasser zu dir kommen.» – «Komm her!» Petrus stieg aus dem Boot und ging Jesus auf dem Wasser entgegen.

Matthäus 14,25.28–29

Hallo, da bin ich wieder!
>Petrus kannte sich mit Booten aus. Er fühlte sich auf dem See sicher und wohl. Aber als er sah, wie Jesus auf dem Wasser lief, da wusste er, dass dies eine ganz neue Herausforderung für ihn war. Genauso rufe ich dich aus deiner bequemen Ecke heraus. Ich rufe dich an einen Ort, wo du mir vollkommen vertrauen musst, um handeln zu können. :-o Fürchte dich nicht. Hier beginnt das Abenteuer.
Selbst als aktiver Christ fühlst du dich manchmal in deinem Element wohl und vergisst ganz, dass es außerhalb deines Erfahrungshorizontes noch so viel mehr gibt. Wenn du schon einmal den Gedanken hattest: «Meine kleine Welt ist etwas eng», dann ist es an der Zeit, darüber nachzudenken.
Genau wie Petrus musst auch du denjenigen kennen, der dich ruft. Dann kannst du vertrauensvoll das neue Terrain betreten. Selbst wenn Wind aufkommt und du meinst, du würdest untergehen: Geh weiter! Ich hole dich aus deinem «kleinen Boot» der Erwartungen heraus auf den weiten See meines Willens. :-)
Die starke Hand in deinem Leben,
>Gott

Stress ist eine Geisteshaltung

Ihr werdet voller Freude das Land eurer Gefangenschaft verlassen und wohlbehütet in eure Heimat zurückkehren. Berge und Hügel brechen in Jubel aus, und die Bäume am Weg klatschen in die Hände.

Jesaja 55,12

Schalom!
>Ich lade dir nie mehr auf, als du an einem Tag bewältigen kannst. Es ist leicht, sich selbst Stress zu machen und sich über all das zu sorgen, was man vor sich hat. Aber die Wahrheit ist: Du schaffst das, was du schaffen kannst, und der Rest wird warten, bis du dafür Zeit hast. :-)
Stress kommt nicht von der Anzahl oder der Vielfalt der Dinge, die du zu erledigen hast. Er kommt davon, wie du diese Dinge an dich heranlässt. Zwei Männer können dieselbe Arbeit machen. Ein Mann macht sich Stress, während der andere friedlich, ruhig und gut arbeitet. Alles hängt von der Einstellung und dem Geist ab, mit dem du an die Arbeit herangehst. :-o
Ich habe dich zu einem Leben in Frieden berufen, mein Sohn. Wenn du dem Stress in deinem Leben die Oberhand gewährst, dann machst du daraus einen Götzen. Ich kann dir die Einstellung und die Fähigkeiten geben, die du brauchst, um die Aufgabe in meinem Frieden zu erledigen.
Dein Befreier vom Stress,
>Gott

Dienstmarke «Unabhängigkeit»

Was für ein sonderbarer Leib wäre das, der nur *ein* Körperteil hätte! Aber so ist es ja auch nicht, sondern viele einzelne Organe bilden gemeinsam den einen Leib.

1. Korinther 12,19–20

Wie fühlst du dich heute?
>Unabhängigkeit ist der Schlachtruf der modernen Welt. Viele Menschen halten es für ein Zeichen der Schwäche, wenn man jemand anderen braucht. Und so setzen sie sich ihre Unabhängigkeit als vordringliches Ziel. Besonders Männer lieben es, Unabhängigkeit wie eine Dienstmarke der Macht an ihrer Brust vor sich her zu tragen. :-(Aber mein Evangelium der Wahrheit ist auf gegenseitiger Abhängigkeit aufgebaut. Ich habe Menschen dazu geschaffen, dass sie mich und einander brauchen. Wenn einer bereit ist zuzugeben, dass er etwas braucht, und ein anderer steht auf und kann dieses Bedürfnis befriedigen, dann wird ein Schimmer meines Reiches sichtbar. :-)
Du bist mein Sohn, und ich möchte, dass du die Wahrheit kennst. Der unabhängige Mann ist ein einsamer Mann. Das Abzeichen der Unabhängigkeit, das er trägt, wird zu einem Schild gegen die Verbindungen, die ich zu seinem Segen geknüpft habe. Ich möchte, dass du ein abhängiger Mann wirst; ein Mann, der seine eigenen Bedürfnisse zugeben und die Bedürfnisse anderer befriedigen kann.
Dein Schöpfer,
>Gott

Der innere Kampf

Ich verabscheue das Böse, aber ich tue es dennoch. Wenn ich also immer wieder gegen meine Absicht handle, dann ist klar, dass es die Sünde in mir ist, die mich zu allem Bösen verführt.

Römer 7,19–20

Hast du eine Minute Zeit?
>In deinem Innern spielt sich ein Kampf ab – wie bei zwei Hunden, die sich um einen Knochen streiten. Der erste Hund ist der Hund des Geistes. Das ist der Teil in dir, der mich liebt und sich meinem Willen unterworfen hat – der Teil, der sich selbst verleugnen und andere lieben kann. Der zweite Hund ist der Hund des Fleisches. Dies ist der materialistische Teil in dir – der Teil, der sein eigenes Vergnügen und die Befriedigung mehr liebt als alles andere. Der Hund des Fleisches ist ein beängstigendes Wesen, das für das eigene Vergnügen alles Edle und Reine opfern würde. :,-(
Diese beiden Hunde kämpfen Tag und Nacht um die Macht über dein Leben. Welcher gewinnt? Natürlich der, den du am besten fütterst. Ich habe den Hund des Geistes stärker gemacht, aber wenn du lieber das Fleisch fütterst und den Geist verhungern lässt, dann ist es nicht überraschend, wer die Herrschaft in deinem Leben erringt. Ich ermutige dich, deinem Geist eine regelmäßige Ration aus Gebet, Bibel, Gottesdienst und Opfer zuzumuten und das Fleisch hungern zu lassen.
Lass uns den Kampf gewinnen, :-)
>Gott

Die Bestie Materialismus

Dann wandte er sich an alle: «Hütet euch vor der Habgier! Wenn jemand auch noch so viel Geld hat, das Leben kann er sich damit nicht kaufen.»

Lukas 12,15

Wie denkst du hierüber?
>Warum setzen die Menschen immer noch ihre Hoffnung auf Dinge? Sie kaufen und kaufen und fühlen sich durch jeden neuen Besitz vorübergehend befriedigt. Aber der Materialismus ist eine Bestie mit einem unstillbaren Appetit, und sie lebt in den Menschen. :-(Nimm zum Beispiel einen materialistisch eingestellten Mann, der ein trauriges Leben führt und einen alten Kombi besitzt. In seinem materialistischen Herzen meint er: Wenn er genügend Geld zusammenbekommt oder einen Kredit aufnimmt, um sich einen schicken Sportflitzer kaufen zu können, wird er glücklich sein. Dieser Wunsch frisst an seinem Herzen und treibt ihn in Schulden oder in ständige Überstunden. Aber wenn er das Auto dann endlich bekommt, hat sich im Grunde nichts geändert – außer der Art sich fortzubewegen. Nun ist er ein Mann mit einem traurigen Leben und einem Sportwagen. :,-(
Mein Sohn, materieller Besitz bringt kein Glück. Er bringt nur die Notwendigkeit nach größerem Lagerraum mit sich. Such deine Zufriedenheit in mir allein.
Die Liebe mit großem Wert,
>Gott

Der Alltag ist viel wichtiger

Wer Haus und Familie vernachlässigt, wird schließlich vor dem Nichts stehen.

Sprüche 11,29

Mein Sohn!
>Wenn es um große, wichtige Ereignisse geht, sind viele Männer in ihrem Element. Sie können einen Geschäftsausflug perfekt planen und die Rechnung für eine Abendgesellschaft locker begleichen. Das ist bewundernswert. Aber viele dieser Männer sind absolute Versager im alltäglichen Leben, besonders wenn es um ihre Familien geht. :,-(
Große Ereignisse sind etwas Schönes. Aber der Alltag ist so viel wichtiger. Da heißt es, den Fernseher auszuschalten und den Kindern und deiner Frau zuzuhören. Da gilt es, eine Gutenachtgeschichte vorzulesen, anstatt für sich die Zeitung oder ein Magazin durchzublättern. Es bedeutet, der Familie zu sagen, dass man sie liebt, und nicht davon auszugehen, dass sie es ja weiß, nur weil man vor zwei Jahren mit ihr in einen tollen Freizeitpark gefahren ist.
Hier liegt also die Herausforderung. Versuche, der Held der großen Ereignisse, der kleinen Ereignisse und auch der ganzen Zeit dazwischen zu sein. Diese Art Held bin ich. :-)
Der Schöpfer der allergrößten Ereignisse,
>Gott

Gesegnetes Leiden

Wir danken Gott auch für die Leiden, die wir ... auf uns nehmen müssen. Denn in solchen Leiden lernen wir, geduldig zu werden. Geduld aber vertieft und festigt unseren Glauben, und das wiederum gibt uns Hoffnung.

Römer 5,3–4

Mein Friede sei mit dir!
>Die Welt ist so besessen davon, jede Art von Schmerz oder Leid zu vermeiden. Wenn man leichte Kopfschmerzen hat, dann nimmt man eine Tablette. Wenn man weinen muss, dann aber bitte nicht vor anderen. Aber Leiden ist nicht immer schlecht. Manchmal ist es genau das Mittel, mit dem ich aus dir einen Mann mit Charakter machen kann. :-o Manchmal können die wertvollsten Segnungen aus Mühsal und Leiden entstehen. Und das nicht, weil ich grausam wäre. Sondern weil ich tiefer greifende Dinge für dich im Kopf habe als nur deine eigene Bequemlichkeit. Wenn dir also Schmerz oder Leid begegnen, dann versuche nicht verzweifelt, all das zu vermeiden, sondern bete darüber. Wenn ich diese schwierige Situation dazu benutzen will, dich wachsen zu lassen, dann nimm sie an und heiße sie willkommen. Dann wirst du sehen, was es heißt, ein Mann mit Charakter zu sein, gewachsen an den Schmerzen des Lebens und nicht fixiert auf deren Vermeidung.
Der, der es gut meint mit dir,
>Gott

Abgerissene Haare

Kisch hatte einen Sohn mit Namen Saul. Der sah gut aus, war stattlich und kräftig gebaut und einen Kopf größer als alle Israeliten.

1. Samuel 9,2

Schalom!
>Die Welt hat schon immer den Selfmade-Mann geliebt, der sich an seinen eigenen Haaren aus jedem Schlamassel zieht und bis zum Ende schuftet und dann noch wie Frank Sinatra «I did it my way» singt. Auch wenn ich versprochen hätte, die Israeliten als ihr König zu führen, hätten sie einen schuftenden Emporkömmling als Helden vorgezogen, den sie mit ihren eigenen Augen sehen konnten.
Ich gab ihnen Saul, der größer und stärker und in jeder Weise talentierter war als der durchschnittliche Israelit. Als er gesalbt wurde, jubelten die Leute. Aber als die Israeliten Saul und seinem Heer vertrauten, dass er sie an ihren Haaren aus dem Schlamassel herausziehen würde, da rissen die Haare ab. Die Philister hatten die Israeliten in der Zange, und Saul fiel schließlich von mir ab und wurde ein willensschwacher Verrückter.
Mein Sohn, fall nicht auf den Mythos des Selfmade-Mannes herein. Ein demütiger Mann mit mir in seiner Ecke wird standhalten, wenn die stärksten Männer um ihn herum umfallen. :-)
Deine Stärke,
>Gott

Das großartige Geschenk

Ein Geschenk eröffnet viele Möglichkeiten, sogar den Zugang zu einflussreichen Menschen.

Sprüche 18,16

Hallo, mein Sohn!
>Stell dir vor, dein bester Freund würde dir ein neues Gerät schicken, das er im Fernsehen gesehen hat. Dieses Gerät könnte jedes Werkzeug und jede Maschine ersetzen, die es gibt. Es könnte Luft zu rückstandslos verbrennbarem Treibstoff verwandeln. Es könnte den Menschen helfen, miteinander auszukommen. Es könnte dein Essen in Scheiben und Würfel schneiden, das Schnitzel kaufen, es in der Pfanne braten usw. – du weißt, was ich meine. ;-) Glaubst du, du würdest dich damit zufrieden geben, dieses Gerät im Karton zu lassen, es draußen im Werkzeugschuppen abzustellen und es dir einmal in der Woche anzusehen? Natürlich nicht. Du würdest den Karton aufreißen und es sofort in Gebrauch nehmen.
Mein Sohn, ich bin das ultimative Hilfsmittel für dein Leben. Es ist Zeit, dass du das Geschenk aufmachst und anfängst, mich all die Dinge um dich herum beeinflussen zu lassen. Besuche mich nicht nur einmal in der Woche im Gottesdienst. Nimm mich mit nach Hause, und lass mich dir in deiner Welt helfen.
Der, der sich schenken möchte,
>Gott

Das Ende der Fahnenstange

Glücklich sind, die erkennen, wie arm sie vor Gott sind, denn Gottes Herrschaft und Herrlichkeit gehört ihnen.

Matthäus 5,3

Sei gegrüßt!
>Du bist gesegnet, wenn du am Ende der Fahnenstange angekommen bist. Denn wenn du die Grenzen deiner eigenen Fähigkeiten erreicht hast, dann stehst du demütig vor mir, und dann gehört dir das Himmelreich wirklich.
Lass es mich so sagen: Wenn du weniger bist, dann ist mehr Platz für mich. :-) So oft denken meine Kinder, sie müssten mir eine Art Nachweis präsentieren, wie fromm sie sind und welch gute Christen sie geworden sind. Dabei würde ich viel lieber einen Mann treffen, der weiß, dass er geistlich bankrott ist, und der eine Beziehung mit mir eingehen möchte. Dieser Mann ist leer, und er ist bereit, sich mit meinem Heiligen Geist füllen zu lassen.
Darf ich dich ans Ende deiner selbst bringen? Willst du nach mir hungern und dürsten, wie ein verschmachtender Mann sich nach Wasser sehnt? Darf ich dir das himmlische Erbe der geistlich Armen geben?
Dein himmlischer Vater,
>Gott

Am nächsten Tag kam Jesus an den Jordan. Da rief Johannes: «Seht, das ist Gottes Opferlamm, das die Sünden aller Menschen hinwegtragen wird.

Johannes | 1,29

Mein Friede sei mit dir!
>Am Anfang habe ich den Menschen geschaffen, damit er eine perfekte Beziehung mit mir haben sollte und mit mir im Garten Eden spazieren würde. Aber ich habe ihm auch diese Option gegeben: Er konnte mich und meinen Weg wählen oder sich dafür entscheiden, dass er selbst für sein Leben verantwortlich sein wollte. Er zog seinen eigenen Willen dem meinen vor. Das Ergebnis ist, dass er Jahrhunderte lang versuchte, das Ziel seiner Existenz zu erreichen, es aber nie ganz geschafft hat – nämlich in einer richtigen Beziehung mit mir zu leben. :,-(Die Israeliten, mein Volk, brachten Opfer und Sündopfer dar und versuchten damit, die Kluft zwischen sich und mir zu überbrücken. Aber dieser Blutzoll war nicht von Dauer. Sie fühlten immer noch die Distanz zwischen uns. Dann sandte ich Jesus auf die Erde, und er legte sein Leben nieder als das vollkommene Sündopfer, ein für alle Mal. Die Distanz zwischen Himmel und Erde ist seitdem aufgelöst. Nun gehe ich wieder mit den Menschen und bin ihrem Herzen ganz nahe. Glaube es! :-)
Der Überbringer der Guten Nachricht,
>Gott

Gut – Böse – Hässlich

Äußerlich seid ihr wie die Becher, aus denen ihr trinkt: auf Hochglanz poliert! ... Ihr blinden Verführer, sorgt erst einmal dafür, dass euer Leben mit Gott in Ordnung kommt!

Matthäus 23,25–26

Ich hab da wieder einen Gedanken für dich!
>Viele Menschen verbringen ihre ganze Zeit und Energie damit, äußerlich toll auszusehen, um von anderen akzeptiert zu werden und ihnen zu gefallen – auch mir. Aber das Äußere ist nicht alles, was mich interessiert. Ich bin an allem interessiert: dem Guten, dem Bösen und auch dem Hässlichen. :-o
Wenn du ein Haus von außen schön streichst, aber innen verfaultes Holz belässt und keine Annehmlichkeiten vorsiehst, dann ist das Haus kein Segen für die Menschen, die darin leben. Es ist nur eine Freude für die Nachbarn und die Passanten. Ich lebe in dir, und *du auch*. Du bist ein Tempel für meinen Heiligen Geist. Es ist Zeit, mit all den äußerlichen Arbeiten aufzuhören, die nur dazu dienen, vor anderen gut dazustehen. Es ist Zeit, mich zu erfreuen, indem du dich von mir innerlich reinigen und erneuern lässt. Heilig scheinen und heilig sein sind zwei ganz verschiedene Dinge.
Dann lass uns jetzt mit dem Inneren anfangen! :-)
Der in dir lebt,
>Gott

Groß sein vor mir

Als die Leute begriffen, was Jesus getan hatte, riefen sie begeistert: «Das ist wirklich der Prophet, auf den wir so lange gewartet haben!» Jesus merkte, dass sie ihn jetzt unbedingt festhalten und zu ihrem König ausrufen wollten. Deshalb zog er sich in die Berge zurück.

Johannes 6,14–15

Hallo, bist du fit?
>Das jüdische Volk hatte erwartet, dass Jesus auf einem Schimmel in strahlender Rüstung Israel vereinigen und die Römer besiegen würde. Stattdessen führte er meinen perfekten Plan aus. Er kümmerte sich um Menschen, auch um sehr unbeliebte Leute. Er betete. Er verstand den Schmerz der Menschen. Er nahm sich die Zeit, um wirklich zuzuhören. Er ging den schweren Weg ans Kreuz. Als er aus dem Grab auferstanden war, zeigte er sich nicht den Mächtigen und Regierenden. Nein, er verbrachte Zeit mit den Menschen, die er liebte. Er heilte ihre gebrochenen Herzen und gab ihnen Geschenke, die sie brauchten, um überleben zu können. :-)
Mein Sohn, ich möchte, dass du so lebst. Ich möchte, dass du dich in die ausgießt, die du liebst und die dich brauchen. Strebe nicht danach, der Größte der Welt zu sein. Bemühe dich, meinen Willen zu tun – und das wird dich in meinen Augen groß machen.
Die Seele des Universums,
>Gott

Die Hoffnung der Welt

Heilt, weckt Tote auf, macht Leprakranke gesund und treibt Dämonen aus! Tut alles, ohne etwas dafür zu verlangen, denn ihr habt auch die Kraft dazu umsonst bekommen.

Matthäus 10,8

Etwas zum Nachdenken:
>Die Welt ist ein zerrissener Ort voller leidender Menschen und scheinbar hoffnungsloser Situationen. So habe ich sie aber nicht erschaffen! :-o Aber da die Menschen von der Gnade abgefallen sind, die ich ihnen am Anfang hatte zuteil werden lassen, ist all diese Zerrissenheit (Leid, Sorge, Armut, Schmerz und Tod) in die Welt gekommen. :,-(
Durch Jesus Christus gibt es Hoffnung auf eine Wiederherstellung mitten in aller Zerrissenheit. Weil du Jesus nachfolgst, bist du nun eine Hoffnung für die Welt. Du weist andere Menschen auf das Herz Christi hin. Du repräsentierst die Hände und Füße und das Herz Christi auf der Erde. Und das Herz Christi gibt nicht auf. Jesus opfert alles, was er hat, um die Welt zu erreichen und zu heilen.
Lass dich nicht entmutigen. Du kannst die Welt aus eigener Kraft nicht retten, und du kannst es nicht an einem Tag schaffen. Aber du kannst *deinen* Teil dazu beitragen. Mit meinem Geist in dir können wir gemeinsam etwas ändern – ein Herz, ein Leben, einen Tag, eine Person, aber immer nur eine Herausforderung auf einmal.
Deine Hoffnung,
>Gott

Die Freude meiner Gegenwart

Du zeigst mir den Weg, der zum Leben führt. Du beschenkst mich mit Freude, denn du bist bei mir. Ich kann mein Glück nicht fassen, nie hört es auf.

Psalm 16,11

Ich grüße dich, mein Sohn!
>Manchmal wäre es wohl ganz schön schwierig, einen Nichtgläubigen davon zu überzeugen, dass du einem liebenden Gott dienst, wenn er den verkniffenen und traurigen Ausdruck auf deinem Gesicht sieht. :-(Ich habe dich nicht dazu erschaffen, dass du in Sack und Asche herumläufst und über die Welt die Stirn runzelst. Ich habe dich zur Freiheit berufen! Sicher, es gibt eine Zeit für Weinen und eine Zeit für Buße. Aber doch nicht das ganze Jahr! Hör mal auf damit!
Wenn du dich so fühlst, als ob deine Freude für das Ideal falscher und düsterer Frömmigkeit geopfert wurde, dann sage ich dir: «Steh auf und sei frei.» Lass meine Freude ein Fest in deinem Herzen anfachen. Lache laut los! Tanze, wie König David getanzt hat. Sing mit den Engeln. Hier in meiner Gegenwart ist wahre Freude, die das Herz erfüllt. :-) Die Freude an meiner Gesellschaft ist nicht vorübergehend. Sie dauert an, sie dauert ewig, und du musst nicht auf den Himmel warten, um daran teilzuhaben. Komm und lass dich heute damit füllen.
Der Erschaffer der Freude,
>Gott

Leben auf den letzten Drücker

Nach meiner Meinung kann es nur gut für euch sein, wenn ihr nun endlich ... beginnt. Nur solltet ihr ... die Sache auch tatsächlich zu Ende führen, damit es nicht bei guten Vorsätzen bleibt.

2. Korinther 8,10–11

Na, alles klar?
>Genauso wie Fallschirmspringer und Bergsteiger süchtig werden nach einem Adrenalinkick, werden manche Menschen süchtig danach, alles auf den letzten Drücker zu erledigen. Diese Menschen lieben die Aufregung, die sich auf diese Weise einstellt, und die Herausforderung, es mit Hängen und Würgen doch noch zu schaffen. Aber am Ende werden sie krank durch den unnötigen Druck in ihrem Leben. :-(Alles immer bis zum Geht-nicht-mehr hinauszuschieben, das ist der Fluch eines Lebens, das in Unordnung ist. Aber wenn du dein Leben unter meine Herrschaft stellst, dann hast du meine Ordnung. Denk mal darüber nach: Was wäre, wenn Jesus es hinausgeschoben hätte, sein Leben für dich zu geben? Ich warte nicht bis zur letzten Minute, um dir in diesem Bereich deines Lebens zu helfen. Wenn du dich an ein Leben auf den letzten Drücker gewöhnt hast, dann bring es im Gebet zu mir. Ich werde beginnen, dein Leben zu ordnen. Ich gebe dir Frieden, Prioritäten und Produktivität – etwas, das ein «Hinausschiebe-Süchtiger» niemals kennen lernen wird.
Der Schöpfer der vollkommenen Ordnung, :-)
>Gott

Das Zeichen des Meisters

Wen Gott nämlich auserwählt hat, der ist nach seinem Willen auch dazu bestimmt, seinem Sohn ähnlich zu werden, dem ersten unter vielen Brüdern.

Römer | 8,29

Ich bringe dir meinen Frieden!
>Aus der Geschichte wissen wir, dass Handwerksmeister Lehrlinge hatten, die eine Reihe von Jahren ergeben für sie arbeiteten. Während er unter seinem Meister diente, musste ein Lehrling jedes Werkstück, das er hergestellt hatte, mit dem Symbol der Werkstatt seines Meisters kennzeichnen. Da du mein geworden bist, stehst du in meinem Dienst; du bist nun mein Lehrling. Willst du der Welt *mein* Zeichen oder lieber dein *eigenes* Zeichen aufdrücken? Wenn du etwas tust, dann kannst du nicht leugnen, dass dies das Werk deiner Hände ist. Aber du solltest lieber den Stempel Christi hinterlassen – und nicht ein Zeichen, an dem gleich ersichtlich wird, dass du nach Anerkennung strebst. Ordne dich im Leben meinem Dienst unter. Lass das Werk deiner Hände meine Unterschrift tragen, und die Welt wird das Werk bestaunen, das du in meinem Namen erschaffst. :-)
Dein Meister,
>Gott

Moralischer Ausverkauf

Das ist doch klar: Wenn der Hausherr wüsste, wann ein Dieb bei ihm einbrechen will, würde er sich rechtzeitig vor ihm schützen.

Matthäus 24,43

Du hast Post!
>Wenn der Teufel die Herrschaft über ein Menschenleben übernimmt, dann stellen sich die Leute das meist wie eine feindliche Übernahme vor. Sie stellen sich vor, dass der eroberte Mensch mit einem erzwungenen oder freiwilligen Federstrich unter einen «Lebensübergabe»-Vertrag sein Leben überschreibt, und damit ist es dann vollbracht. Gewöhnlich geht es aber eher so vor sich: Der Feind kauft die Aktien vom Leben eines Menschen auf. Der Mensch denkt: «Ach, ein Anteil hier, ein Kompromiss da – ich habe ja noch immer die Kontrolle.» Aber wenn das über eine gewisse Zeit so weitergeht, besitzt der Teufel schon bald den Mehrheitsanteil an diesem Leben. Und er setzt diese Anteile dann so ein, dass er den herausgekauften Menschen von mir wegzieht. :-(
Du bist mein Sohn, und ich möchte nicht, dass du in deinem Leben solche Kompromisse eingehst. Achte auf jedes noch so kleine moralische und geistliche Aktienpaket in deinem Depot. Gehe bei keiner einzigen Aktie einen Kompromiss ein. Lass dich von *mir* aufkaufen. :-)
Der, der keine Kompromisse macht,
>Gott

Stolz und Friedfertigkeit

Glücklich sind, die auf Gewalt verzichten, denn sie werden die ganze Erde besitzen.

Matthäus 5,5

Mein lieber Sohn!
>Die Stolzen werden die Erde nicht erben. Selbst wenn ihnen jedes große Büro gehört und sie jedem großen Unternehmen vorstehen, werden sie niemals wahren Reichtum erlangen. Nur den Demütigen wird echte Macht gegeben. :-o
Das jüdische Volk wollte, dass der Messias ein mächtiger Krieger wäre, ein menschlicher Erlöser angesichts der römischen Herrschaft. Stattdessen war Jesus ein dienender Führer. Er umgab sich immer mit den «falschen» Leuten (!), wusch die Füße seiner eigenen Jünger, berührte Leprakranke und hatte sogar Mitleid mit den römischen Wachen, die ihm das Leben nahmen. Aber Jesus bekam letztendlich die totale Herrschaft über Himmel und Erde, indem er demütig den Kelch trank, den ich ihm reichte.
Auch wenn es oft scheint, als ob ein arroganter Kerl befördert würde, weil er seine Ellbogen ausgefahren hat, brauchst du die himmlische Perspektive. Folge Jesus nach. Sei dir sicher: Wenn du dich immer mehr nach seinem Vorbild formen lässt, wirst du mehr Reichtümer erlangen, als du dir vorstellen kannst. :-)
Der Eine, der dir begegnet,
>Gott

In tausend Stücke zerbrochen

Und der Herr wandte sich und sah Petrus an. Und Petrus gedachte an des Herrn Wort, wie er zu ihm gesagt hatte: Ehe heute der Hahn kräht, wirst du mich dreimal verleugnen. Und Petrus ging hinaus und weinte bitterlich.

(Luther 1999) Lukas 22,61–62

Wie geht es dir heute?
>Nur weil ich ein hartes Wort zu dir gesagt habe, bedeutet das noch lange nicht, dass ich mit dir fertig wäre. Nur weil du etwas verdorben hast, reißen meine Pläne für dein Leben nicht abrupt ab.
Petrus hat das Allerschlimmste getan, womit er mich verletzen konnte: Er hat geleugnet, mich zu kennen – nicht *ein* Mal, nein, drei Mal! :,-(Ich hatte drei Jahre sehr eng mit ihm gelebt. Er hatte gesehen, wie ich Kranke geheilt und Tote auferweckt habe. Er war mit mir auf dem Wasser gelaufen und hatte zugesehen, wie ich auf dem Berg verklärt wurde. Ich machte ihn zu einem mächtigen Felsen für mein Reich. Aber als er unter Druck stand, zerbröckelte dieser Felsen in tausend kleine Stücke.
Aber Petrus wurde doch noch ein geistliches Kraftwerk für mich. Er fand nämlich etwas heraus. Und ich möchte, dass auch du es erkennst: Wenn du in Stücke zerfällst, dann bin ich der Gott, der dich wieder zusammensetzen kann. Ich habe wunderbare Pläne für dein Leben. Wenn du etwas verdirbst, dann lass mich dich aufheben und dir beim Weitermachen helfen. :-)
Deine Stärke,
>Gott

Opfer und Ruhe

Der Herr, der Gott Israels, hat seinem Volk Frieden und Ruhe gegeben, und er will nun für immer in Jerusalem wohnen. Darum müssen die Leviten nicht mehr das heilige Zelt und die Gegenstände für den Opferdienst von einem Ort zum anderen tragen.

1. Chronik 23,25–27

Ich hab einen Gedanken für dich:
>Ich habe dich befreit von der falschen Vorstellung, dass du aus eigener Kraft in den Himmel kommen musst. Du brauchst für deine Sünden keine Opfer zu bringen. Und du musst dir auch keine Gedanken darüber machen, Gegenstände für den Opferdienst mit dir herumzutragen, um dir mit guten Taten einen Weg in mein Reich zu erarbeiten. Niemand ist gut genug, den Himmel aus eigener Kraft zu betreten. Wenn es eines gibt, das du inzwischen wissen müsstest, dann das: Du bist nicht vollkommen. Aber Jesus ist es, und mit ihm haben sich die Dinge für dich und für die gesamte Menschheit verändert. Er wurde das einmalige Opfer, damit du für immer bei mir sein kannst. Darum wohne ich nicht nur im heiligen Zelt oder in Jerusalem. Ich wohne im Herzen und in der Gegenwart jedes Menschen, der das Opfer meines Sohnes empfängt. :-) Setze deine Hoffnung auf nichts anderes als auf das Opfer von Jesus. Hör auf, dich um deine eigene Rettung zu bemühen. Übergib mir dein Leben zu meiner Verfügung, und du wirst deine Ruhe in mir finden.
Dein Liebesopfer,
>Gott

Du bist ein geistliches Wesen

Das wissen wir: Wenn unser Leib einmal zerfallen wird wie eine baufällige Hütte, werden wir einen neuen Leib erhalten, ein festes Haus, das nicht von Menschen errichtet ist. Gott hält es im Himmel für uns bereit, ein Haus, das ewig bleibt.

2. Korinther 5,1–2

Schalom!
>Viele Menschen, die einem begegnen, sagen gerne, sie hätten eine «geistliche Erfahrung» gemacht. Aber die Menschen wurden ja eigentlich dazu geschaffen, in diesem geistlichen Reich zu leben und mir *ständig* zu begegnen. Das Regelmäßige sollte das Normale sein, nicht das Periodische. :-o
Du kennst mich ja, ich möchte, dass du deine Einstellung über die Frage, welchen Rang das Geistliche in deinem Leben einnimmt, änderst. Du bist kein Mensch, der eine geistliche Erfahrung gemacht hat. Du bist jetzt vielmehr ein geistliches Wesen, das eine menschliche Erfahrung gemacht hat. :-o Auch wenn deine vorübergehende Post-Adresse hier auf der Erde ist, bist du letztlich für den Himmel bestimmt und wirst zurückkehren, um dort auf ewig im geistlichen Reich zu leben. Wenn du mich mit einer anbetenden Lebensweise suchst, kannst du schon jetzt beginnen, das geistliche Leben zu erfahren, für das du geschaffen wurdest.
Dein Schöpfer,
>Gott

Am liebsten alles von dir

Als Hiskia das hörte, drehte er sich zur Wand und betete: «Ach Herr, denk doch daran, dass ich mein Leben lang treu bei dir geblieben bin und mit ganzer Hingabe getan habe, was dir gefällt.»

2. Könige 20,2–3

Ich grüße dich!
>Wenn du mir nicht alles von dir gibst, wirst du niemals ganz vollständig sein. Gib mir nicht nur die Teile von dir, von denen du glaubst, ich wollte sie haben – die Teile also, die du für akzeptabel hältst. Nein, gib mir alles.
Nur in meinen Händen kannst du zu einem Ganzen gemacht werden. Alles, was du mir vorenthältst, wird also bruchstückhaft und ungeheilt bleiben. Solange du an Schuld, Zweifel, Scham oder Verlegenheit festhältst, wird der Feind immer einen Bissen vor deinen geistlichen Mund halten, mit dem er dich ködern und von mir wegführen kann. :-(
Ich weiß, wer du wirklich bist, und ich sehne mich nach dir. :-) Ich bitte dich, mir alles von deiner inneren Zerrissenheit zu geben, damit ich dich wieder «ganz» machen kann. Bei mir bist du sicher.
Der, der dich ganz macht,
>Gott

Meine Heilung stand schon bereit

Gottes Liebe zu uns ist für alle sichtbar geworden ... Das Einzigartige an dieser Liebe ist: Nicht wir haben Gott geliebt, sondern er hat uns seine Liebe geschenkt.

1. Johannes | 4,9–10

Mein Friede sei mit dir!
>Ich habe dich geliebt, bevor du überhaupt beschlossen hast, mich auch zu lieben. Ich habe einen Plan für deine Erlösung ins Rollen gebracht, noch bevor du jemals über deine Rettung nachgedacht hast. Bevor du den Schmerz fühltest, stand meine Heilung schon bereit. Selbst wenn du glaubtest, ich wäre eine Million Kilometer weit weg von dir, hatte ich doch meine Arme um dich geschlungen. Und in den Zeiten, als alles auseinander brach, war ich der Einzige, der es wieder zusammensetzen konnte. :-)
Es erfüllt mich mit Freude, dass du nach Hause gekommen bist. Nun kannst du mich kennen lernen wie noch nie zuvor. Du kannst erfahren, wie nahe ich dir bin, und kannst die Lieder hören, die ich über dich gesungen habe. Nun können wir gemeinsam gehen, und ich kann mit dir zu den Orten gehen, die ich dir schon immer zeigen wollte. Wir können miteinander sprechen und uns aus unserem Leben erzählen. Ich habe schon immer auf dich gewartet. Es tut gut, dass du nun endlich hier bei mir bist.
Der Eine, der dich zuerst geliebt hat,
>Gott

Einer dieser Tage

Darum wollen wir Gottes herrliche, unverdiente Güte rühmen und preisen, die wir durch Jesus Christus, seinen geliebten Sohn, erfahren haben.

Epheser 1,6

Ich musste gerade an dich denken!
>Gelegentlich musst du einen dieser unrühmlichen Tage durchstehen. Du weißt schon, was ich damit meine. Alles scheint gegen dich zu sein, und du kannst scheinbar nichts richtig machen. Du sperrst den Autoschlüssel im Auto ein. Du schimpfst über den Typen, der dir an der Kreuzung die Vorfahrt nimmt. Du bist zu spät bei der Arbeit, und nichts geht dir richtig von der Hand. Am Ende des Tages kommst du nach Hause und fühlst dich wie der größte Versager, und du kriechst mit einem Gefühl des Ungeliebtseins in dein Bett. :,-(Aber ich möchte, dass du etwas weißt. Ich liebe dich an solch einem Tag genauso sehr wie an einem Tag, an dem du das Gefühl hast, dass du alles richtig gemacht hast.
Du bist mein Sohn, und ich könnte dich nicht mehr oder weniger lieben. Rede dir nicht ein, dass ein schlechter Tag dich von mir trennen könnte. Ganz im Gegenteil, lass mich dich durch solche Tage noch näher zu mir ziehen. Deine schlechten Tage stören mich nicht! :-)
Der Herr eines jeden Tages,
>Gott

Wo ist dein Herz?

Sammelt euch vielmehr Schätze im Himmel, die nie ihren Wert verlieren und die kein Dieb mitnehmen kann. Wo nämlich eure Schätze sind, da zieht es euch hin.

Matthäus 6,20–21

Wie fühlst du dich heute?
>Ich nehme an, du weißt, dass sich kein Mann am Ende seines Lebens jemals gewünscht hat, noch mehr Zeit im Büro verbracht zu haben! Liebe wird am wirkungsvollsten durch Zeit zum Ausdruck gebracht. Wenn du also wissen willst, wo dein Herz ist, dann achte mal darauf, wo du die meiste deiner Zeit verbringst. :-o
Deine Zeit verbringst du am besten mit geliebten Menschen. Zeit, die du mit deinen Kindern verbracht hast, ist wie Gold, das du mit dem höchsten Zinssatz bei der Bank angelegt hast. Das ist nicht nur zu ihrem Wohl, sondern auch zu deinem. Ich benutze deine Familie, um dich zu dem Mann zu verändern, den ich in dir sehe. Ich mache dich selbstlos, und ich gebe dir eine Nächstenliebe, wie sie nur Jesus hat. Ich weiß, dass es manchmal viel leichter ist, einfach zur Arbeit oder joggen zu gehen, statt Zeit mit deiner Familie zu verbringen. Aber die Freude, die sich bei dir einstellt, wenn du weißt, dass du deine Frau segnest und für deine Kinder ein toller Papa bist, wiegt bei weitem jedes «Opfer» auf, das du dafür bringst.
Der Schöpfer der Zeit,
>Gott

Ein zu kleiner Rahmen

Aber Jabez betete zum Gott Israels: «Bitte segne mich, und lass mein Gebiet größer werden! Beschütze mich, und bewahre mich vor Unglück! Möge kein Leid mich treffen!» Gott erhörte sein Gebet.

1. Chronik 4,10

Was planst du für heute?
>Ich möchte nicht, dass du deine Erwartungen an das Leben und an mich herunterschraubst. Ich rufe dich auf, wunderbare Dinge für mich zu tun, indem du ganz einfach glaubst. Ich fordere dich heraus, mutig hervorzutreten und etwas so Unmögliches zu versuchen, dass es ohne meine Unterstützung von vornherein zum Scheitern verurteilt wäre. ;-)
Christen, die immer nur auf Nummer Sicher gehen, werden immer versuchen, ein sicheres, geordnetes Leben zu führen. Aber Christen, die an meine wunderbaren Fähigkeiten glauben, werden sehen, wie erstaunliche Dinge geschehen. Du bist mein Sohn, und ich habe diese Dinge für dich auf Lager. Wage es im Vertrauen, und höre auf meinen Ruf. Besonders dann, wenn es scheint, als ob er weit außerhalb des Rahmens deiner sonst so eng gesteckten Erwartungen sei.
Dein wunderbarer Vater, :-)
>Gott

Laufen und krabbeln

Lasst euer Leben vom Heiligen Geist bestimmen. Wenn er euch führt, werdet ihr allen selbstsüchtigen Wünschen und Verlockungen widerstehen können.

Galater 5,16

Hallo, da bin ich wieder!
>Wenn Kinder krabbeln, besteht keine große Gefahr, dass sie hinfallen und sich verletzen. Aber sobald sie aufstehen und ihre ersten Schritte machen, steigt das Verletzungsrisiko drastisch an.
Wenn Menschen sich entscheiden, mit mir zu gehen, dann bekommt der Feind ein überaus großes Interesse, sie wieder herunterzuziehen. Er versucht sie dazu zu bringen, dass sie wieder auf dem Boden der Kompromisse krabbeln. Oder er lässt sie über die Steine der Sünde stolpern. Viele neu bekehrte Christen, die für diesen Angriff noch nicht bereit sind, fallen leicht um und sind dann verwirrt und verlegen. Viele stehen geistlich nicht wieder auf, aus Furcht, als Heuchler abgestempelt zu werden. :-(
Aber ich habe dich zum Laufen berufen. Es ist an der Zeit, dass du die Peinlichkeit des Hinfallens riskierst, um die Schönheit des aufrechten Gangs zu erleben. Mein Sohn, geh geistlich aufrecht. Auch wenn es schwer wird und du aufgeben willst, verfalle nicht wieder in ein geistliches Krabbeln. Steh auf und lauf weiter. :-)
Der, der dich immer halten wird,
>Gott

Begrüße die Heimgekehrten

Mein Sohn, du bist immer bei mir gewesen. Was ich habe, gehört auch dir. Darum komm, wir haben allen Grund zu feiern. Denn dein Bruder war für uns tot, jetzt hat für ihn ein neues Leben begonnen. Er war verloren, jetzt hat er zurückgefunden!

Lukas 15,31–32

Ich grüße dich!
>Ich habe dich immer sehr geliebt, mein Sohn. Ich bin stolz auf das, was du erreicht hast und tust. Ich freue mich über deinen bereitwilligen Dienst. Aber ich möchte nicht, dass du dich nur noch darauf konzentrierst, ein guter Sohn zu sein, und dabei ganz vergisst, dich über den verlorenen Sohn zu freuen, der zu mir heimkehrt. Vielleicht war er lange Zeit weg, hat alles verschwendet, was ich ihm gegeben hatte. Vielleicht riecht er jetzt schlecht oder kleidet sich seltsam. Vielleicht hat er auch ein paar schlechte Gewohnheiten angenommen, während er fort war. Er sieht vielleicht nicht aus wie du, er denkt oder handelt auch nicht wie du.
Aber wenn er bereit ist, nach Hause zu kommen, dann möchte ich, dass du ihm mit mir zusammen entgegenläufst, um ihn zu begrüßen. Ich möchte, dass du voller Freude das gemästete Kalb schlachtest und diesen Fremden in deinem Heim willkommen heißt. Denn es ist auch *sein* Heim. Es war immer für ihn vorbereitet, genauso wie für dich. Wir wollen meine Heimgekehrten gemeinsam begrüßen, mein Sohn. :-)
Der, auf den du immer schauen darfst,
>Gott

Was wirklich satt macht

Glücklich sind, die sich nach Gottes Gerechtigkeit sehnen, denn Gott wird ihre Sehnsucht stillen.

Matthäus 5,6

Hast du etwas Zeit für mich?
>Viele Christen kennen mich und wissen, was ich für sie getan habe. Aber sie haben dennoch einen tiefen Hunger nach mir, ganz tief in ihrem Innern. Warum? Wenn du ein begeisterter Fußballfan bist, dann würdest du dich doch danach sehnen, bei einem Spiel dabei zu sein und dir die Lunge aus dem Leib zu schreien. ;-) Ein wahrer Christ sollte genau denselben Enthusiasmus haben. Wenn er mal fern ist von dem, was er liebt, dann sollte ihn danach hungern.
Das Problem ist, dass es so viele weltliche Sattmacher gibt, die vorübergehend die wahre geistliche Nahrung ersetzen. Wenn ein Christ von einem weltlichen Ersatz zum andern springt, kann er eine ganze Zeit lang ohne den echten, tiefen Hunger nach Gerechtigkeit leben. Mein Sohn, ich weiß, dass du meine Güte geschmeckt hast. Ich weiß, dass du den Unterschied gespürt hast, wie es ist, wenn du meiner Güte nahe bist oder ganz weit weg davon. Befreie dich von allem, das dich nur vorübergehend satt macht. Dürste stattdessen nach meiner Gerechtigkeit in deinem Leben.
Der, der dich satt machen wird,
>Gott

Was sagst du, wer ich bin?

Nicht, wer mich dauernd «Herr» nennt, wird in Gottes Reich kommen, sondern wer den Willen meines Vaters im Himmel tut.

Matthäus 7,21

Schalom!
>Was sagst du, wer ich bin? Wenn du sagst, ich sei dein Herr und König, sagst du es dann nur mit dem Mund, oder sagst du es mit deinem Leben? Welche Stimme ist lauter?
Wenn du behauptest, ich sei dein Herr, dann tust du auch meinen Willen. Wenn du sagst, ich sei dein König, dann lässt du mich auch in deinem Leben herrschen, statt dass du dein eigener Herrscher bist. Wenn du sagst, ich sei der Messias (der Erlöser), dann lässt du dich auch von mir retten. Und wenn du sagst, ich sei dein Hirte, dann folgst du mir auch nach. :-o
Lass nicht zu, dass dein Mund Schecks ausstellt, die deine Taten nicht einzulösen bereit sind. Was sagst du also, wer ich bin?
Dein Herr, König, Erlöser und Hirte, :-)
>Gott

Wer darf richten?

Nehmt auch den ohne Vorbehalte an, der als Christ meint, vieles ängstlich meiden zu müssen. Verwirrt ihn nicht noch dadurch, dass ihr über unterschiedliche Ansichten streitet.

Römer 14,1

Mein Friede sei mit dir!
>Sag mal, machst du dich manchmal selbst zum Richter über andere Christen? Es ist doch allein *meine* Aufgabe, meine Kinder mit heiliger Gerechtigkeit zu beurteilen! Deine Aufgabe ist es, deine Brüder und Schwestern zu lieben und sie so anzunehmen, wie sie sind, und sie dadurch in ihrem Glauben zu ermutigen.
Wenn du den Eindruck hast, du hättest einen gewissen Einblick, der deinem Bruder oder deiner Schwester nützlich sein könnte, dann kannst du ihnen liebevoll deine Sicht der Dinge erzählen. Aber es ist ein großer Unterschied, ob man wirklich will, dass ein Bruder oder eine Schwester die Wahrheit erfahren, oder ob man nur das Gefühl braucht, Recht zu haben oder besser und weiser zu wirken als die anderen. :-(
Deine Aufgabe ist es, andere zu ermutigen, und nicht, sie zu richten. Überlass es besser mir, wen ich mir vornehme und wen nicht.
Der gerechte Richter,
>Gott

Wer du wirklich bist

Dann sollst du ihm ausrichten: So spricht der Herr: Das Volk Israel ist mein erstgeborener Sohn.

2. Mose | 4,22

Ich musste gerade an dich denken!
>Die Welt sieht deine Identität eher in deinen Taten als in deinem Wesen. Die meisten Männer identifizieren sich mit ihrem Beruf (sie sind Rechtsanwälte, Maler oder Lehrer). Ihr Selbstverständnis gründet sich in erster Linie auf ihren Berufen oder auf ihren Interessen. Ganz gleich, wie sehr dir deine Arbeit liegt, welche Talente du hast oder wie viel Geld und positives Feedback du in deinem Beruf bekommst – es definiert nicht, wer du bist.
Die Schönheit deiner wahren Identität kommt am besten in der Formulierung «mein Kind» zum Ausdruck. :-) Das Wissen, dass du ein wunderbares und mit aller Sorgfalt geschaffenes Meisterwerk bist, das aus meiner Hand stammt, ist die Grundlage deiner Identität. Du bist der Sohn deiner Eltern, der Freund für die Menschheit, der Liebende unter seinen vielen geliebten Menschen und mein Gesandter für die Welt. :-)
Wie du deinen Lebensunterhalt verdienst oder wie du deine Freizeit verbringst, definiert dich nicht. Du bist mein Kind. Finde deine Identität in mir.
Der, der Identität schafft,
>Gott

Arbeit ist ein Segen

Gott, der Herr, setzte den Menschen in den Garten von Eden. Er gab ihm die Aufgabe, den Garten zu bearbeiten und zu schützen.

1. Mose 2,15

Hallo, hier bin ich wieder!

>Ich habe den Menschen die Arbeit gegeben, damit sie ihnen ein Segen sein sollte. Arbeit ist *nicht* das Ergebnis von Adams Sündenfall. Der Sündenfall machte die Arbeit nur schwerer. Aber von Anfang an hat es die Arbeit schon gegeben, damals im Garten von Eden, als ich mit den Menschen so nah zusammen war. :-o

Wenn du für deinen Lebensunterhalt arbeitest, dann betrachte dich als gesegnet. Ich benutze diese Arbeit, um deinen Charakter zu verfeinern. Ich kann schwierige Menschen, Situationen, Termine und Herausforderungen benutzen, um deinem Christsein Leben und Atem einzuhauchen. Ich benutze kleine Situationen an deiner Arbeitsstelle, um dauerhafte Ehrlichkeit und Integrität aufzubauen. Ich ermutige dich, mein Sohn, nicht auf deine Arbeit zu schimpfen. Lebe nicht für die Wochenenden, und lebe nicht für den Ruhestand. Auf dem Golfplatz kannst du weniger Lektionen lernen als an deinem Arbeitsplatz. Lass mich dir die richtige Einstellung zu deiner Arbeit vermitteln. Arbeit ist ein Segen, mein Sohn. Freue dich daran. :-)

Dein dich liebender Vater,

>Gott

Anbetung ist kein Zuschauersport

«Du sollst Gott, deinen Herrn, lieben mit deinem ganzen Herzen, von ganzer Seele, mit aller Kraft und deinem ganzen Verstand. Und auch deinen Mitmenschen sollst du so lieben wie dich selbst.»

Lukas 10,27

Sei gegrüßt!
>Wenn du zu einer Sportveranstaltung gehst, dann brauchst du dafür nur eine Eintrittskarte zu kaufen. Vielleicht kaufst du auch noch etwas zu knabbern und bekommst davon Sodbrennen. Aber das Spiel beeinflussen solche Dinge nicht.
Mit der Anbetung ist es völlig anders. Dass du kommst, ist nur der Anfang. Die beiden Hauptakteure auf dem Spielfeld der Anbetung sind du und ich. Auch wenn es scheint, als ob der Pfarrer und der Gebetsleiter die Hauptpersonen seien – dem ist ganz und gar nicht so. Sie wissen, dass es das Ziel der Anbetungs-Erfahrung ist, dass du dich mit mir triffst. Und dazu wollen sie dich ermutigen.
Also komm mit offenem Herzen und sei bereit. Gib mir 110 Prozent deiner Anbetung. Bete so, wie du es auch wirklich meinst. Ringe mit mir über die schwierigen Dinge. Suche mich mit ganzem Herzen, und du wirst mich finden. Anbetung ist kein Zuschauersport. Also komm nicht nur zum Zuschauen. Komm zum Spiel!
Ich begegne dir auf dem Spielfeld, :-)
>Gott

Du bist mein Kunstwerk

Herr, ich danke dir dafür, dass du mich so wunderbar und einzigartig gemacht hast! Großartig ist alles, was du geschaffen hast – das erkenne ich!

Psalm 139,14

Ich bin's schon wieder!
>Wenn ein großer Künstler ein Meisterwerk malt, dann weiß er es. Er tritt zurück, und sein Herz füllt sich mit Stolz und Ehrfurcht vor seiner Arbeit. Genauso ist es geschehen, als ich dich geschaffen habe. Ich trat zurück und bewunderte meine Schöpfung. Du bist wunderschön für mich. Ich habe dich mit Sorgfalt, Gründlichkeit und Stolz gemacht. Ich freue mich über dich! :-)
Wenn du jemals versucht sein solltest, dich klein zu machen oder unsicher zu sein wegen deiner Fehler, dann sollst du einfach wissen, dass du in meinen Augen vollkommen bist. Ich bin vollkommen zufrieden mit meiner Schöpfung. Die Welt ist ein besserer Ort, weil du in ihr lebst.
Wenn ich dich mustere, dann sehe ich, wer du einmal gewesen bist, wer du heute bist und was ich noch aus dir machen werde. Du als Gesamtwerk bist es, den ich bewundere. Fang an, dich durch meine Augen zu sehen, und auch du wirst dich im besten Sinne bewundern. Du bist mein vollkommenes Werk, das noch in Arbeit ist. ;-)
Der glückliche Künstler,
>Gott

Kein Beziehungsmuffel mehr

Zwei haben es besser als einer allein, denn zusammen können sie mehr erreichen. Stürzt einer von ihnen, dann hilft der andere ihm wieder auf die Beine. Doch wie schlecht steht es um den, der alleine ist, wenn er hinfällt!

Prediger 4,9–10

Wie geht es dir?
>Viele Männer sind stark auf ihr eigenes Leben fixiert. Aber wenn du eine vertrauensvolle Freundschaft mit mir pflegst, dann wirst du natürlich auch tiefe Beziehungen zu anderen suchen. Du wirst nicht zufrieden sein mit oberflächlichen Kontakten und belanglosem Geplauder. Du wirst dich nicht dafür entscheiden, als einsamer Wolf zu leben, der nur auf seine eigenen Bedürfnisse fixiert ist. Du wirst auf wunderbare Weise mit anderen verbunden werden.
Aber du musst dich für tiefe Beziehungen entscheiden. Du musst deine Arme nach anderen ausstrecken und das Opfer bringen, Menschen auf halbem Wege entgegenzukommen. Du musst dich zur Demut erziehen, anderen zuhören, ehrlich sein, dich wirklich für andere interessieren und dich um sie kümmern. Und du solltest um Vergebung bitten, wenn du einer Freundschaft geschadet hast.
Lass mich in die Tiefen deines Innern hereinkommen, mein Sohn, und du wirst feststellen, dass du plötzlich viel lieber Beziehungen eingehst, als es früher der Fall war. :-)
Dein bester Freund,
>Gott

Geborgenheit finden

Und weil Gott niemals lügt, haben wir jetzt zwei Tatsachen, auf die wir uns verlassen können. Gottes Verheißung und sein Schwur ermutigen und stärken alle, die an der von Gott zugesagten Hoffnung festhalten.

Hebräer 6,18

Etwas liegt mir noch auf dem Herzen:
>Zweifle nie an meiner Fähigkeit, dich zu halten und zu beschützen. Es ist so wichtig, dass du an meine Güte und die Beständigkeit meiner Gnade dir gegenüber glaubst. Wenn du daran zweifelst, dann wirst du nie wirklich erkennen, wer ich bin, und du wirst mir dein Leben auch nie ganz anvertrauen können. :-(
Ich bin zu allen Zeiten deine Zuflucht vor den Stürmen deines Lebens, wo immer diese Stürme auch sind (in deinen Beziehungen, deinen finanziellen Angelegenheiten, deinem Beruf, deinen Sorgen). Meine Arme sind immer offen, und meine Zuflucht ist immer sicher. Aber nur du kannst entscheiden, das auch zu glauben und bei mir Zuflucht zu suchen. Mein Sohn, glaube an meine Güte und meine Zuflucht. Komm schnell zu mir gelaufen und genieße die Sicherheit meines Schutzes und die wohlige Intensität meiner Gegenwart. Flüchte dich in meine Geborgenheit. :-)
Deine immerwährende Zuflucht,
>Gott

Der Weg der Vergebung

Wer über die Fehler anderer hinwegsieht, gewinnt ihre Liebe; wer alte Fehler immer wieder ausgräbt, zerstört jede Freundschaft.

Sprüche | 17,9

Friede sei mit dir!
>Wenn dir jemand unrecht tut, dann ist es verlockend, ihm dies vorzuhalten und ihm deswegen im Gegenzug immer wieder ein schlechtes Gewissen einzutrichtern. Schließlich, so denkst du, verdient er alles Schlechte, das ihm überhaupt nur widerfährt. Er hat dir ja schließlich zuerst unrecht getan, nicht wahr? >:-(
Ich jedoch rufe dich dazu auf, ein Mann zu sein, der anderen vergibt. Jeder Schwächling kann neidisch sein, am Daumen lutschen und schmollen. Es verlangt aber einen echten Mann, wenn es darum geht, den Stolz beiseite zu legen und jemandem ehrlich zu vergeben, der dir unrecht getan hat. Ich rede hier davon, ihm in deinem Innern wirklich zu vergeben. Ich bitte dich: Gib ihm nicht, was er deiner Meinung nach verdient. Gib ihm stattdessen, was er meiner Meinung nach verdient, nämlich Vergebung. Wenn du das tust, dann wirst du spüren, wie sich die Last der Unversöhnlichkeit von dir abhebt, und du wirst eine neue Freiheit entdecken. Nämlich die Freiheit, den zu lieben, der dir unrecht getan hat.
Geh den Weg der Vergebung. :-)
Der, der auch dir vergibt,
>Gott

Jeden Tag ein neues Lied

Dankt dem Herrn auf der Zither und spielt für ihn auf der Harfe! Singt ihm ein neues Lied! Schlagt in die Saiten, so gut und so laut ihr könnt!

Psalm 33,2–3

Schalom!
>An jedem Tag deines Lebens hast du die Möglichkeit, dir eine wunderbare neue Melodie für mich auszudenken. Dein Herz ist die Stimme, deine Handlungen sind das Instrument, und dein Leben an diesem Tag ist das Lied, das du dir ausdenkst. Wenn du morgens aufwachst, dann beginne damit, deine Stimme durch Gebete aufzuwärmen und mich zu preisen. Und wenn du auf die Bühne deiner täglichen Erlebnisse heraustrittst, dann lass das Instrument deiner Handlungen in vollkommener Harmonie mit der Stimme deines Herzens zusammen erklingen. Selbst wenn du jeden Tag zur selben Zeit in dasselbe Büro gehst, so ist doch jeder Tag völlig einzigartig und erfüllt mit der Chance für neue Musik. Wenn du deine Augen für die Schönheit jedes Tages öffnest, dann wirst du frei für deine Kreativität. Liebe wird eine Kunst, und dein Leben wird Anbetung. :-)
Mein Sohn, du bist mein Musikus. Deine Stimme und dein Instrument erschaffen Melodien, die meinem Herzen Freude bereiten.
Dein alleiniger Zuhörer,
>Gott

Meine Visionen für dein Leben

Lasst also nicht nach in euerm Bemühen, Gutes zu tun. Es kommt eine Zeit, in der ihr eine reiche Ernte einbringen werdet. Gebt nur nicht vorher auf!

Galater 6,9

Hallo, du hast Post!
>Wenn ich mein Wort an dich richte wegen etwas, das du tun sollst, dann ist es wichtig, dass du auf das richtige Timing wartest. Um mal ein weit hergeholtes Beispiel zu benutzen: Wenn ich dir sage, ich möchte, dass du im Schwimmbad vom Dreimeterbrett springst, dann wäre es wichtig, darauf zu warten, dass genügend Wasser im Becken ist. Wenn du erleben willst, wie Visionen nach deinem *eigenen* Timing realisiert werden, könnten dumme Dinge passieren. Und wenn du einfach nach vorne stürmst, kannst du dir ganz schön den Kopf stoßen, oder noch schlimmer. :,-(
Ich habe ganz besondere Träume in dein Herz gepflanzt, und ich habe dir besondere Versprechen gegeben. Wenn du das Gefühl hast, dass sie nicht rechtzeitig eintreten, dann sei nicht enttäuscht und klettere nicht zum Sprungbrett hoch. Mein Timing ist vollkommen, und ich kann alle Faktoren sehen, du aber nicht. Vertraue mir: Wenn der richtige Zeitpunkt da ist, lasse ich es dich wissen, und das Becken wird ganz bestimmt voll sein. :-)
Der mit dem vollkommenen Timing,
>Gott

Schreib die Kirche nicht ab

Plötzlich um Mitternacht wurden sie mit dem Ruf geweckt: «Der Bräutigam kommt! Steht auf und begrüßt ihn!»

Matthäus 25,6

Friede sei mit dir!
>Viele Christen haben der Kirche den Rücken gekehrt. Sie glauben an mich, aber sie haben ihren Glauben in die Gemeinschaft der Gläubigen verloren. Diejenigen, die aufgeben, sind meist von jemandem in der Gemeinde verletzt worden. Oder sie haben genug von der «Heuchelei der organisierten Frömmigkeit». Ich möchte aber nicht, dass du in dieses geistliche Abflussrohr fällst. :-(Die Kirche ist die Braut Christi. Jesus ist der Bräutigam, der zu einer makellosen und vervollkommneten Braut wiederkommt. Auch wenn sie jetzt noch nicht schön oder vollkommen ist, so ist sie doch mit Jesus verlobt. Also kehre der Kirche nicht den Rücken. Du bist ein Teil von ihr und kannst nicht wirklich draußen stehen. Jesus kommt nicht zu einer zerstreuten Gruppe von geistlichen Besserwissern zurück, die sich über seine Braut lustig machen. Er kommt zurück zu einer Gruppe von Menschen, die die Unvollkommenheiten der Kirche als ihre eigene Verantwortung akzeptieren wollen und sich verpflichtet haben, sie zu vervollkommnen. :-)
Der Bräutigam ist unterwegs,
>Gott

Wähle das, was bleibt

Häuft in dieser Welt keine Reichtümer an! Sie verlieren schnell ihren Wert oder werden gestohlen. Sammelt euch vielmehr Schätze im Himmel, die nie ihren Wert verlieren und die kein Dieb mitnehmen kann.

Matthäus 6,19–20

Mein geliebter Sohn!
>All die materiellen Dinge, die du um dich herum angesammelt hast, kannst du nicht mit in den Himmel nehmen. Wenn dein irdischer Körper stirbt, dann musst du die Taschen deines Lebens leeren, deine irdischen Kleider ablegen und in die Ewigkeit eintreten. Wenn du das tust, dann wirst du sehen, was wirklich wichtig war im Leben. Du wirst die Dinge sehen, die vergehen, und auch diejenigen, die bleiben. :-o
Beziehungen, Liebe, Erlösung, Anbetung und wahrer Friede sind ewig und werden dir bleiben. Uhren, Autos, schnelle Boote und Häuser werden zurückbleiben. Es ist nichts falsch daran, sich auf der Erde an diesen Dingen zu erfreuen. Aber bewahre dir die himmlische Perspektive über das, was sie wirklich sind – vorübergehende und vergängliche Freuden. Dein Leben auf der Erde ist so kurz, und die Ewigkeit ist so unendlich lang. Investiere nicht dein Leben dafür, materielle Dinge anzuhäufen, die du am Ende sowieso abgeben musst. Wähle das, was bleibt.
Der Herr des Ewigen,
>Gott

Putz dir mal die Ohren!

«Ach, wie seid ihr taub und blind!» sagt der Herr. «Warum wollt ihr nicht hören, warum nicht sehen? ... Gibt es überhaupt einen, der so taub ist wie mein Volk, das ich als meinen Boten senden will?»

Jesaja | 42,18–19

Na, wie geht es dir heute?
>Hast du schon einmal jemanden sagen hören: «Gott hat mir dies gesagt»? Hast du dich schon einmal gefragt: «Wie hat er die Stimme Gottes gehört, und warum höre ich sie nicht?» Nun, manchmal rede ich durch Umstände; gelegentlich muss ich dich sogar zu Boden werfen und hörbar mit dir reden, so wie ich es mit Paulus auf der Straße nach Damaskus getan habe. Aber meistens rede ich mit ganz leiser, feiner Stimme zu deinen geistlichen Ohren. :-o
Es gibt viele Dinge, die deine geistlichen Ohren verstopfen können. Wenn du immer nur in Eile bist, dann verpasst du meine leise Stimme. Wenn du danach strebst, dein Leben selbst in die Hand zu nehmen, dann wirst du meine feine Stimme hinter deiner eigenen lauten Stimme der Selbstbestimmung nicht hören. Wenn du mich nicht täglich um Wegweisung bittest, dann wird sich dein Ohr nicht auf den Klang meiner Stimme einstellen. Hörst du? Oder bin ich zu undeutlich? ;-)
Der Eine, der spricht,
>Gott

Glücklich ist, wer auf mich hört und mich immerzu erwartet! Wer mich findet, der findet das Leben und wird von Gott geliebt.

Sprüche 8,34–35

Ich wünsch dir viel Kraft!
>Hast du dich schon einmal gefragt, warum ich dich nicht einfach mal beiseite nehme und dir den Rest deines Lebens erkläre? Okay, stell dir dein Leben als lange Autofahrt vor. Wenn ich dir eine genaue Anweisung geben würde für einen Ort, zu dem du in fünf Jahren fahren solltest, würdest du sie heute nicht verstehen. Das kommt daher, dass diese Anweisungen dort beginnen, wo du in fünf Jahren sein wirst, und nicht dort, wo du heute stehst. ;-)
Wegweiser für deine Lebensreise kommen hauptsächlich in Form von täglichen Offenbarungen. Ich möchte nämlich, dass du hörst, vertraust und dann erst losgehst. Dieses schrittweise Vorangehen lässt deinen Glauben wachsen und hält dich davon ab, loszurennen und zu versuchen, den Rest deines Lebens an einem Tag zu bewältigen.
Weil die Offenbarung jeden Tag neu kommt, ist es wichtig, dass du dich regelmäßig allein mit mir triffst und deine Anweisungen für diesen Streckenabschnitt kriegst. Komm zu mir, und ich will dir den nächsten Schritt zeigen. :-)
Deine tägliche Wegweisung,
>Gott

Reiß die Altäre nieder

Wenn ihr ins Land Kanaan eindringt, sollt ihr alle Bewohner vertreiben. Zerstört ihre Götterfiguren aus Stein und Metall! Reißt die Altäre ab, die sie auf den Hügeln und Bergen gebaut haben!

4. Mose 33,51–52

Noch ein Gedanke für dich:
>Ein Teil der Israeliten hat rebelliert und heidnische Altäre auf den Hügeln und Bergen gebaut, wo sie dann anderen Göttern opferten. >:-(Jeder neue König von Israel hatte die Wahl, entweder die heidnischen Altäre ganz zu zerstören oder die Götzenverehrung beizubehalten.
Es ist verlockend, auf die Israeliten herabzublicken, weil sie die heidnischen Altäre mir vorgezogen haben. Nun, auch du hast deine eigenen Altäre. Du hast geheime Altäre für Dinge, die du über mich gesetzt hast. Wenn du dich von mir abwendest, dann rennst du zu diesen «Göttern» und denkst, sie könnten deine Bedürfnisse besser befriedigen, als ich das kann. Ob diese Götter nun Arbeit oder Verlangen oder Verreisen heißen.
Mein Sohn, genau wie die Könige der Israeliten wirst du entscheiden müssen, ob du diese heidnischen Altäre in deinem Leben zerstören willst. Oder ob du dich weiter davonschleichen willst und die Segnungen von Göttern suchst, die nicht die Macht haben, dich zu erretten. Zerstöre die heidnischen Altäre, und bete allein mich an.
Der Einzige, der deiner Anbetung wert ist,
>Gott

Vergib ihnen, statt zu grollen

Aber Jesus betete: «Vater, vergib ihnen, denn sie wissen nicht, was sie tun!» Unter dem Kreuz verlosten die Soldaten seine Kleider.

Lukas 23,34

Sei gegrüßt!
>Wartest du darauf, jemandem zu vergeben, bis er sich endlich durchgerungen hat und es ihm leid tut, was er getan hat? Macht es dich verrückt, wenn dir jemand unrecht tut und es noch nicht einmal merkt? Nun, Jesus vergab auch dann, als ihn niemand darum gebeten hatte. Sein Mitgefühl war so groß, dass er sogar den römischen Wachen vergab, die ihn ans Kreuz genagelt hatten und bis zum Schluss verhöhnten.
Mein Sohn, zögere nicht zu vergeben. Es wird Zeiten geben, wo die Person, die dich verletzt hat, überhaupt nichts einsieht, selbst wenn du sie darauf ansprichst. An diesem Punkt musst du dich entscheiden zu vergeben, anstatt deinen Groll weiter mit dir herumzutragen. Jesus hätte am Kreuz zornig auf diese Wachen hinunterblicken können, aber es hätte ihm nur selbst wehgetan. Ihr Bedürfnis nach himmlischer Vergebung war ihm viel wichtiger. Folge dem Beispiel Jesu und vergib, auch wenn die Menschen ihre eigene Sündhaftigkeit (noch) nicht erkennen. :-)
Dein Vater,
>Gott

Vergib, vergiss und mach weiter

So hoch, wie der Himmel über der Erde ist, so groß ist seine Liebe zu allen, die ihm mit Ehrfurcht begegnen. So fern, wie der Osten vom Westen liegt, so weit wirft Gott unsere Schuld von uns fort!

Psalm 103,11–12

Hast du noch etwas Zeit?
>Um noch mal auf das Thema Vergebung zurückzukommen: Wenn ich dir vergebe, dann werfe ich deine Sünde aus den Augen und aus dem Sinn. Wenn das geschieht, dann machen du und ich einen ganz neuen Anfang. Ich hege keinen Groll oder sage: «Ja, ich vergebe dir, aber ich warte nur darauf, dass du deinen nächsten Fehler machst; also pass besser auf, was du als Nächstes tust.» Nein, wenn ich vergebe, dann machen wir einen neuen Anfang, und ich habe neue Hoffnung für unsere Beziehung. :-)
Mein Sohn, ich möchte, dass du denen, die dich verletzen, auf diese Weise vergibst. Vergib nicht einfach nur, sondern bete, dass diese Beleidigung (oder was auch immer es war) vollständig aus deinen inneren Katalogen und Verzeichnissen und deinem Gedächtnis gestrichen wird. Mach dir keine Verletzungs-Memos, sondern mach weiter in einer neuen Hoffnung auf eure Beziehung. Vergib so, wie ich dir vergebe: total und radikal.
Immer voller Hoffnung,
>Gott

Hilf meinen Kindern in Not

Denn als ich hungrig war, habt ihr mir zu essen gegeben. Als ich Durst hatte, bekam ich von euch etwas zu trinken. Ich war ein Fremder bei euch, und ihr habt mich aufgenommen.

Matthäus 25,35

Gerade musste ich wieder an dich denken!
>Wenn dein Kind in Not wäre und jemand würde ihm helfen, würdest du diese Person dann nicht auch segnen? Würdest du nicht eine ganz besondere Verwandtschaft zu diesem Menschen verspüren?
Wenn Menschen meinen Kindern helfen, dann segnen sie mich. Aber wenn Menschen, die etwas geben könnten, dies meinen Kindern aus Eigennutz und Egoismus vorenthalten, dann enthalten sie diese Dinge auch mir vor. :,-(Ich bin den Bedürftigen so nahe, dass ich spüren kann, wie sie behandelt werden.
Mein Sohn, ich rufe dich dazu auf, die (scheinbar) nicht Liebenswerten zu lieben, nicht nur theoretisch, sondern auch ganz praktisch. Wenn sich dir Gelegenheiten bieten, jemandem zu helfen, der in Not ist, dann greife sofort ein und tue es. Dann wirst du nicht nur zum Segen für die, denen du hilfst, sondern auch für ihren Vater im Himmel.
Der Vater derer, die in Not sind, und all derer, die sie lieben,
>Gott

Hier und heute

Gepriesen sei der Herr! Tag für Tag trägt er unsere Lasten. Gott ist unsere Hilfe. Sind wir in Not, dann greift er ein.

Psalm 68,20–21

Mein Sohn!
>Ich habe dir nicht einfach nur ein zweitausend Jahre altes Geschenk gemacht, mit einer hübschen Schleife darum, und bin dann mir nichts, dir nichts verschwunden, um dich mit deinen alltäglichen Lasten allein zu lassen. Ich habe dir die Erlösung gebracht, als ich meinen Sohn schickte, damit er deine Lasten und deine Sünden am Kreuz trug – aber dies sollte kein statisches Geschenk sein, das liegen bleibt und verstaubt. Ich habe dir ein Geschenk gemacht, das immer weiter schenkt. Du siehst, ich bin immer noch hier, um jeden Tag deine Lasten zu tragen. Ich liebe dich so sehr, dass ich mir Gedanken darüber mache, worüber du dir Gedanken machst, und verletzt bin durch das, was dich verletzt.
Ich kenne die Lasten, die du heute zu tragen hast. Stell dir nicht einfach nur Jesus und das Kreuz vor und Jerusalem vor knapp zweitausend Jahren. Stell ihn dir vor, wie er jetzt an deiner Seite ist – hier und heute – und wie er dir hilft, deine tägliche Last zu tragen. Ich bin ganz nah bei dir. :-)
Dein Erlöser (auch) in der Gegenwart,
>Gott

Die Köpfe zusammenstecken

In der Öffentlichkeit gebrauchte er immer solche Gleichnisse. Wenn er aber später mit seinen Jüngern allein war, erklärte er ihnen die Bedeutung dieser Bilder.

Markus 4,34

Mein Friede sei mit dir!
>Ich wollte schon immer, dass die Menschen in meinem Team die Taktik kennen. Man kann ein Gebetstreffen auch als Mannschaftsbesprechung während eines Footballspiels betrachten, wenn die Spieler im Kreis stehen und die Köpfe zusammenstecken. Nach einer schweren Spielphase erzählen sie mir von ihren Befürchtungen und sprechen über die Strategie des Gegners. Ich bin der Mannschaftskapitän und der Trainer. Ich stehe mitten in der Gruppe und gebe Anweisungen, Bestätigung und Aufgaben. Wir stellen gemeinsam unsere Taktik auf, und unser «Amen» ist wie das «Let's go!» am Ende der Besprechung. Wir handeln als Team. Und wenn wir uns alle an den Plan halten, wird unser Gegner glatt geschlagen. ;-)
Mein Sohn, hast du auf deinem geistlichen Weg einen Mangel an Orientierung und Strategie gespürt? Du brauchst nicht ganz allein dort herumzuschwimmen. Komm, triff dich mit mir und mit all deinen Mannschaftskameraden! Lass uns die Köpfe zusammenstecken und dann zurück aufs Feld gehen.
Dein bester Trainer,
>Gott

Kühlschrank und Bibel

«Ihr habt Durst? Kommt her, hier gibt es Wasser! Nehmt euch Brot und esst! Bedient euch, es kostet nichts! Warum gebt ihr euer sauer verdientes Geld aus für Brot, das nicht sättigt? Hört doch auf mich, und tut, was ich sage, dann bekommt ihr genug!»

Jesaja 55,1–2

Hallo, da bin ich wieder!
>Wenn du das nächste Mal an den Kühlschrank gehst, um dir etwas zu essen zu holen, dann möchte ich, dass du über die Bibel nachdenkst. ;-) Ja, du hast richtig gehört, über die Bibel. Wenn dein Körper Hunger hat, dann treibt es dich immer Richtung Kühlschrank, weil dort das Essen ist. Nun, in der Bibel wird die geistliche Nahrung aufbewahrt. Wenn dein Geist also Hunger hat, dann solltest du dorthin gehen!
Meine Worte in der Bibel können auf übernatürliche Weise den geistlichen Teil in dir ernähren, den Teil, der mich und meine Wege mehr als alles andere liebt. Wenn du spürst, dass dein Herz mich nicht länger über die Dinge dieser Welt stellt und du dich mir nicht mehr nahe fühlst, dann hast du definitiv geistlichen Hunger. Wenn du dich fühlst, als ob du die Menschen um dich herum nicht wirklich liebst, dann brauchst du geistliche Nahrung. Lass dich von deinem geistlichen Hunger zur Bibel treiben, um von ihr geistliche Nahrung zu bekommen. Jedes ihrer Worte ernährt deinen Geist und hilft ihm zu wachsen. :-)
Dein geistlicher Ernährer,
>Gott

Ich habe dich gewählt

«Weshalb gibt sich euer Lehrer mit solchem Gesindel ab?» empörten sich die Pharisäer. Jesus hörte das und antwortete: «Die Gesunden brauchen keinen Arzt, sondern die Kranken!»

Matthäus 9,11–12

Schalom!
>Erinnerst du dich noch an diese Szenen vor einem Spiel im Sportunterricht, als alle Jungs in einer Gruppe zusammenstanden und darauf warteten, dass die Teamchefs einen nach dem anderen wählten? Sie nahmen immer zuerst die schnellsten und stärksten. Nach einer Weile waren alle Jungen verteilt, bis auf einen letzten, kleineren, langsameren und schwächeren Jungen, den keiner wollte. Traurig ließ er den Kopf hängen, als einer der Teamchefs widerwillig sagte: «Na gut, dann muss ich ihn wohl nehmen.» :,-(
Als Jesus auf die Erde kam, hat er die Szenerie für immer verändert. Er war der Teamchef, der genau wegen dieses schwachen Jungen kam. Er sah ihn an und sah in ihm den perfekten Athleten. Jesus stand da und wählte sein ganzes Team in umgekehrter Reihenfolge aus. Er erwählte einen Steuereinnehmer zum Jünger und eine ehemals von Dämonen Besessene als Schwester. Er aß mit den Sündern und umarmte die Unreinen. Er wollte alle, aber sein Herz sprach zuerst für die Bedürftigen. :-) Denk darüber nach!
Der, der dich wählt,
>Gott

Ich gebe dir einen neuen Namen

Dann sehen alle Völker, wie der Herr dir Recht verschafft, Jerusalem, und ihre Könige bestaunen deinen neuen Glanz. Du wirst einen neuen Namen tragen, der Herr selbst wird ihn dir geben.

Jesaja | 62,2

Ich sehne mich nach dir!
>Oftmals wachsen Jungen mit Vätern auf, die sie psychisch zerstören, anstatt sie zu segnen; mit Vätern, die ihnen Schimpfnamen geben, statt sie zu loben. Die Jungen tragen diese Schimpfnamen bis in ihr Erwachsenenalter hinein. Sie werden verfolgt von Namen wie «Versager», «Dummkopf» oder «Weichei». Es ist beschämend. >:-(
Mein Sohn, ich bin dein dich liebender Vater. Wenn dein irdischer Vater so mit dir umgegangen ist, dann möchte ich heute deinen Namen ändern. Wenn du jemals geglaubt hast, dein Name sei «Wertlos» oder «Unbedeutend» oder gar «Rebell» oder «Schwarzes Schaf», dann soll dein neuer Name «Unbezahlbar in meinen Augen», «Über alles geschätztes Kind des Vaters» und «Ewig geliebt und angenommen» lauten. Mit mir in deinem Leben musst du nicht mehr von den alten negativen Namen heimgesucht und gejagt werden. Das Alte ist nun Vergangenheit, und das Neue ist gekommen. Ich möchte nicht nur deinen Namen ändern, sondern auch deine Bestimmung. :-)
Der, der am besten weiß, wer du wirklich bist,
>Gott

Ich bin nie mit dir fertig

Denn kein Mensch konnte sich vorstellen, dass ich in meinem Alter noch Mutter werde! Abraham hat Jahrzehnte darauf warten müssen, aber jetzt habe ich ihm einen Sohn geboren!

1. Mose 21,7

Mein lieber Sohn!
>Ich bin nie fertig mit dir. Selbst wenn du glaubst, du seist ausgetrocknet, ausgelaugt und völlig unbedeutend – dem ist nicht so. Jeder, der zu mir gehört, hat die beständige Hoffnung auf einen neuen Anfang. :-o
Ich will dein Leben auf dieser Erde an sein Ziel bringen. Solange du da bist und für mich lebst, stehst du am perfekten Platz, damit ich dich dazu benutzen kann, wunderbare Dinge für mich zu tun. Lass nicht zu, dass die Welt dir einen Ablauftermin für deine Fähigkeiten setzt, Neues zu beginnen. Es ist nie zu spät, noch einmal zur Schule zu gehen, eine neue Stelle zu finden, eine neue Aufgabe zu übernehmen, wieder in Form zu kommen oder zu tun, wozu ich dich gerade berufe. :-)
Wenn du auf das Ziel hörst und achtest, das ich für dein Leben gesetzt habe, dann bist du immer in den besten Jahren. Mach dich auf, mein Sohn! Ich bin mit dir niemals am Ende.
Der Autor des nächsten Kapitels in deinem Leben,
>Gott

Leben und geliebt werden

Ja, seine eigenen Kinder sollten wir werden, durch seinen Sohn Jesus Christus. Das hat Gott schon damals aus Liebe zu uns beschlossen. Darum wollen wir Gottes herrliche, unverdiente Güte rühmen und preisen, die wir durch Jesus Christus, seinen geliebten Sohn, erfahren haben.

Epheser 1,5–6

Schalom!
>Geliebt zu werden ist nicht nur ein Handeln an dir. Es ist ein Seinszustand. Wenn deine Frau dir dauernd überallhin folgen müsste und dabei immerzu sagen sollte: «Ich liebe dich», dann würdest du nicht in diesem Seinszustand leben. Geliebt zu werden braucht nicht rund um die Uhr Beweise.
Das Tragische in diesem Leben ist leider, dass es so schwer ist, menschlicher Liebe zu vertrauen. So oft lassen dich andere hängen, und am Ende kannst du kaum noch auf bedingungslose Liebe hoffen. Und so suchst du immerfort nach einer «beteuernden» menschlichen Liebe. :-(Mein Sohn, ich möchte dich für alle Zeiten von der Enttäuschung heilen, dass du erst geliebt und dann hängen gelassen wurdest. Ich möchte dir helfen, wieder an die Liebe zu glauben. Ich möchte, dass du meine bedingungslose, unaufhörliche, kraftvolle Liebe kennen lernst. Wenn du glaubst, dass ich dich liebe, dann kannst du zu allen Zeiten in der Gewissheit meiner Liebe leben und brauchst dich nie wieder auf eine «beteuernde» Liebe zu verlassen.
Bei mir bist du geliebt,
>Gott

Liebe hat immer eine Wahl

Himmel und Erde sind meine Zeugen, dass ich euch heute vor die Wahl gestellt habe zwischen Leben und Tod, zwischen Segen und Fluch ... Liebt den Herrn, euren Gott, und hört auf ihn! Haltet ihm die Treue!

5. Mose | 30,19–20

E-Mail für dich!
>Als du damals der Frau begegnet bist, die du heiraten wolltest, und du die Möglichkeit gehabt hättest, ihr einen Zaubertrank zu geben, der sie richtig verliebt in dich gemacht hätte – hättest du ihn ihr gegeben? Wenn ja, würdest du dich jetzt immer fragen, ob sie dich wirklich um deinetwillen geliebt hat, oder nicht?
Erzwungene Liebe ist keine wahre Liebe. Wahre Liebe kann immer wählen. Ein wunderbarer Gedanke bei der Hochzeit ist doch die Gewissheit, dass diese Frau aus all den anderen Männern da draußen *dich* gewählt hat, um mit dir den Rest ihres Lebens zu verbringen. ;-)
Mein Sohn, ich habe dich geschaffen, damit du in einer vertrauten, persönlichen Beziehung mit mir lebst. Aber ich habe dich nicht als Marionette geschaffen, damit du tanzt und singst: «Ich liebe Gott, ich liebe Gott!» Ich gab dir den freien Willen, dich entweder für mich zu entscheiden oder mir den Rücken zu kehren. Ich liebe dich so sehr, und ich warte darauf, dass du mich vor all den anderen Dingen wählst, die dich von mir wegziehen wollen. :-)
Der, der dich zuerst erwählt hat,
>Gott

Liebe jenseits aller Vernunft

Denn so hoch, wie der Himmel über der Erde ist, so groß ist seine Liebe zu allen, die ihm mit Ehrfurcht begegnen.

Psalm 103,11

Ich bin's schon wieder!
>Es gibt kein Gerät, mit dem du meine Liebe zu dir messen könntest. Meine Liebe wird an irgendeinem Punkt immer den messbaren Bereich überschreiten, weil sie nun mal nicht dazu gedacht ist, mit menschlichen Maßstäben gemessen und analysiert zu werden. :-o
Ich liebe dich zwischen den Zeilen, ganz hoch hinaus, weiter als alle Extreme. Wenn du meinst, ich müsste wegen irgendetwas aufhören, dich zu lieben, dann habe ich doch gerade erst angefangen, dich zu lieben. Ich liebe weit mehr als hundert Prozent, und ich halte nichts von meiner Liebe zurück. :-)
Meine Gnade und mein Mitgefühl messen zu wollen, ist, als ob man versuchte, ein Gefühl oder einen Gedanken mit einem Taschenrechner zu berechnen. Keine Gleichung wird meiner Liebe gerecht. Erwarte mehr von meiner Liebe, als du jemals erwartet hast. Versuche nicht, lange darüber nachzudenken. Öffne ihr einfach dein Herz.
Die grenzenlose Liebe,
>Gott

Hör nicht mittendrin auf

Deshalb bin ich auch ganz sicher, dass Gott sein Werk, das er bei euch durch den Glauben begonnen hat, zu Ende führen wird, bis zu dem Tag, an dem Jesus Christus wiederkommt.

Philipper 1,6

Hallo, du hast wieder Post!
>Hast du schon einmal eine Abstellkammer in deinem Haus neu eingeräumt? Bevor du alles wieder an den richtigen Platz stellen kannst, musst du erst alles ausräumen. Wenn jemand vorbeikäme, während du gerade am Räumen bist, und würde dir dabei zusehen, würde er vielleicht sagen: «Was für eine Unordnung! Du kümmerst dich wohl gar nicht um dein Haus?» Aber das ist überhaupt nicht wahr. Selbst wenn es aussieht, als hätte eine Bombe eingeschlagen, so würdest du doch wissen, dass du dein Haus wieder in Ordnung bringst. :-)
Manchmal sieht dein Leben genauso aus wie diese Abstellkammer. Ich habe begonnen, alles zu deinem Wohl umzuräumen. Unangenehm, klar. Aber wenn du versuchst, mitten in der Arbeit aufzuhören, wirst du niemals die Freude kennen lernen, wenn dein Leben ganz in Ordnung gebracht ist. Lass mich die Arbeit zu Ende bringen, mein Sohn. Vielleicht sieht es jetzt furchtbar unordentlich aus, aber am Ende wird alles wunderbar aufgeräumt sein. :-)
Ich bringe dich in Ordnung,
>Gott

Neue Weinschläuche

Ebenso füllt niemand jungen, gärenden Wein in alte, brüchige Schläuche. Sie würden platzen, und man hätte Wein und Schläuche verloren. Junger Wein gehört in neue Schläuche.

Lukas 5,37–38

Mein lieber Sohn!
>Bevor ich dir meine Liebe offenbart habe, warst du mit dem Wein deiner eigenen Aufgeblasenheit und deines Egoismus gefüllt. Als du durch meine Wahrheit schuldig gesprochen wurdest und deine Schuld auch erkanntest, begann ich, diese alte, egoistische Weinsorte auszuleeren.
Aber du bist immer noch nicht bereit, den kraftvollen neuen Wein aufzunehmen, den ich in dich einfüllen möchte. Deine alten Überzeugungen, wer ich bin und wie ich zu lieben und zu sein und zu handeln habe, sind ein unbrauchbarer Behälter für meine Wahrheit. Das alte Zeug wegzuschütten reicht nicht. Bevor du mit dem neuen Geist gefüllt werden kannst, musst du den ganzen Behälter von mir verwandeln lassen. Lass mich deinen Geist erneuern und ihn darauf vorbereiten, den Wein meines neuen Lebens aufzunehmen. :-)
Der mit dem besten neuen Wein,
>Gott

Heb den Hörer ab

Viele so genannte Freunde schaden dir nur, aber ein wirklicher Freund steht mehr zu dir als ein Bruder.

Sprüche 18,24

Ich denke viel an dich!
>Wenn unsere Beziehung wie ein Telefongespräch wäre, dann würde deine Entscheidung zur Sünde bedeuten, dass du den Hörer auflegst. Aber auch wenn du auflegen solltest, ich bleibe am Telefon. Deine Sünde kann mich nicht so leicht verscheuchen. Ich bin hier und warte darauf, dass du den Hörer wieder abhebst und unser Gespräch weiterführst. :-)
Wenn du gesündigt hast, dann hast du vielleicht das Gefühl, dass du unendlich weit weg bist von mir; als ob ich aus deinem Ortsnetzbereich weggezogen wäre. Aber das ist nicht so. Schuldgefühle schaffen diesen falschen Eindruck von Distanz. Die Wahrheit ist, ich bin nicht weggezogen. Ich bin immer noch hier.
Alles, was du tun musst, ist ehrlich zu bereuen und nach dem Hörer zu greifen. Du wirst mich vorfinden, wie ich geduldig am anderen Ende der Leitung warte – darauf warte, dir zu vergeben und genau da weiterzumachen, wo wir aufgehört haben.
Der, der immer hier ist,
>Gott

Bete mit demütiger Zuversicht

Selbstsicher stand der Pharisäer dort und betete: «Ich danke dir, Gott, dass ich nicht so bin wie andere Leute. Ich bin kein Räuber, kein Gottloser, kein Ehebrecher und schon gar nicht wie dieser Zolleinnehmer da hinten.»

Lukas 18,11

Schalom, mein Lieber!
>Das Gebet ist die Sprache des Demütigen, nicht des Selbstgerechten. Wenn du wirklich verstehst, was ich dir durch das Leiden Christi ermöglicht habe, dann wirst du auch verstehen, wie du beten sollst. :-o Aber wenn du betest und dabei nur auf deine eigene Gerechtigkeit im Vergleich zu anderen Menschen vertraust, dann bist du so was von ahnungslos. Wer so betet, ist wie ein Kumpel im Steinkohlebergwerk, der sagt: «Ich war der sauberste Kumpel am Ende des Arbeitstages.» Das ist absolut lächerlich.
Nur durch das reinigende Blut Jesu kannst du überhaupt vor mir stehen und beten. Und diese Reinigung widerfährt dem schmutzigsten Kumpel genauso wie dem bestgekleideten, coolsten Vorstandsvorsitzenden. Warum? Weil beide sie nötig haben.
Mein Sohn, ich ermutige dich, mit demütiger Zuversicht zu mir zu kommen; gedemütigt durch das Wissen um meine Gnade und zuversichtlich in der Barmherzigkeit Christi. :-)
Der, der die Demütigen hört,
>Gott

Fortschritt, nicht Perfektion

Denn das Gute, das ich will, das tue ich nicht; sondern das Böse, das ich nicht will, das tue ich. Wenn ich aber tue, was ich nicht will, so tue nicht ich es, sondern die Sünde, die in mir wohnt.

(Luther 1999) Römer 7,19–20

Mein Sohn!
>Hat dich schon einmal jemand einen Heuchler genannt, weil du zwar an mich glaubst, aber nicht immer perfekt handelst? Hier ist eine Kurzmeldung für dich: Du *bist* ein Heuchler! Jeder Mensch, der vehement für etwas eintritt, steht sofort in der Gefahr, ein Heuchler zu sein, und wird schließlich auch einer. Warum? Weil Menschen nicht vollkommen sind. Darum sind sie nicht in der Lage, ihre Überzeugungen in Vollkommenheit zu leben. :-o
Aber beim Christsein geht es nicht darum, eine vollkommene geistliche Reise zu absolvieren. Es geht vielmehr darum, zu wissen, welche Richtung man einschlägt, und alles dafür zu tun, um dann dorthin zu gelangen. Aber lass dir nicht einreden, du müsstest alle Zyniker wegen deiner Heuchelei Lügen strafen. Du hast durchaus die Freiheit zu akzeptieren, dass du nicht vollkommen bist, dass du dich auf meine Führung verlassen kannst und dass du nur mit mir wirklich vorankommst.
Der die einsichtigen Heuchler liebt, ;-)
>Gott

Nimm es an wie ein Kind

Habt ihr denn immer noch nicht begriffen: Wer nicht wie ein kleines Kind voller Vertrauen zu Gott kommt, dem bleibt das Reich Gottes verschlossen.

Markus 10,15

Friede sei mit dir!
>Wenn ein kleiner Junge in einen dieser riesigen Vergnügungsparks geht, dann ist er doch absolut beeindruckt von dem, was er dort entdeckt. Er freut sich an dem, was er sieht und hört, und an dem, was er dort erlebt. Er fragt nicht, wie alles funktioniert und wie viel alles kostet. Er nimmt einfach alles in sich auf.
Mein Sohn, du sollst meine Liebe wie ein Kind empfangen. Empfange sie, als ob jede wunderbare Sache, die du dir jemals vorgestellt hast, Wirklichkeit würde. Statt dich zu fragen, wie ich dich mit deiner ganzen Sündhaftigkeit überhaupt lieben kann, nimm es doch einfach freudig an, dass ich es tue. Statt zu fragen, wie die Ewigkeit existieren kann, tritt einfach in dieses ewige Licht. Statt daran zu zweifeln, dass ich dich wirklich gesund und heil machen kann, empfange das Wunder meiner Heilung. :-o
Anders als ein Vergnügungspark gaukelt dir das Himmelreich nichts vor. Es ist auf dem stabilsten Fundament der Wahrheit aufgebaut, das du je kennen gelernt hast. Tritt voller Staunen ein.
Der Liebhaber deiner Seele,
>Gott

Rückkehr ins Paradies

Ich denke zurück an früher, an das, was du damals getan hast, und halte mir deine großen Taten vor Augen. Zu dir strecke ich meine Hände empor im Gebet. Wie ausgedörrtes Land auf Regen, so warte ich sehnsüchtig auf dein Eingreifen.

Psalm 143,5–6

Hast du das schon gewusst?
>In jedem Mensch ist ein Teil, der Heimweh nach dem Garten Eden hat. :-o Das kommt daher, dass ich den Mensch für das Paradies geschaffen habe und nicht für die gefallene Welt. Aber die Menschen haben ja eine vollkommene Beziehung mit mir ausgeschlagen, weil sie sich meinem Willen nicht unterordnen wollten. Stattdessen haben sie diese Beziehung abgebrochen und mussten in die gefallene Welt der Selbstbestimmung gehen. >:-(
Da ich dich für das Paradies und nicht bloß für die materielle Welt um dich herum geschaffen habe, kannst du die Trennung tief in deinem Herzen spüren. Du fühlst die Leere der weltlichen Dinge, und du sehnst dich fest nach einer Lösung für diese Disharmonie in deiner Seele. Mein Sohn, Jesus Christus ist die Brücke ins Paradies. Er ist die Rückfahrkarte zu einer ungebrochenen Beziehung mit mir. In ihm kannst du wahren Frieden haben, weil du am Ende dort leben wirst, wo du hingehörst. Eden ist nicht mehr nur ein Ort; es ist eine Beziehung. :-)
Ich warte auf dich,
>Gott

Sonnenbräune verblasst

Leben wir aber im Licht Gottes, dann sind wir auch miteinander verbunden. Und das Blut, das sein Sohn Jesus Christus für uns vergossen hat, befreit uns von aller Schuld.

1. Johannes 1,7

Na, wie geht es dir heute?
>Hast du im Sommer schon einmal richtig schwer im Freien gearbeitet und bist davon knackig braun geworden? Du verbringst viele Stunden in der Sonne, cremst dich mit Sonnenlotion ein, um so schön braun zu werden, wie du es möchtest. Aber am Ende des Sommers, wenn das Wetter schlechter wird, ist es schwer, dieses Aussehen zu bewahren.
Es gibt viele Leute, die ihr geistliches Leben so verbringen: von der Sommerbräune zur Winterblässe und wieder zurück zur Sommerbräune. Sie haben ein hell strahlendes geistliches Erlebnis, wenn sie sich in meine Gegenwart legen und ihren Geist mit meinem Wort bedecken und sich mit dem Salböl meines Heiligen Geistes einreiben. Aber wenn die Jahreszeit wechselt und sie den Winter der Prüfung erleben, dann beginnt ihre Sonnenbräune zu bröckeln, und durch viele faule Kompromisse entstehen hässliche Stellen voller Risse.
Ein intensives Leben als Christ ist allerdings keine aufgeblasene Erfahrung eines schönen sonnigen Wochenendes. Es ist ein täglicher Spaziergang in der strahlenden Sonne! :-)
Ich selbst bin deine Sonne,
>Gott

Die Stärke des Dieners

Aber gerade so darf es bei euch nicht sein. Wer groß sein will, der soll den anderen dienen, und wer der Erste sein will, der soll sich allen unterordnen.

Matthäus 20,26–27

Kennst du diese Geschichte?
>In den Legenden um König Artus heißt es, wer das Schwert Excalibur aus dem Stein, in dem es steckte, herausziehen könnte, der würde das Königreich erben. Die stärksten und tapfersten Männer stellten sich in Positur, rissen daran und schwitzten, aber das Schwert bewegte sich keinen Millimeter. Dann kam Artus, ein kleiner Knappe, der ein Schwert brauchte für den Ritter, dessen Knappe er war, und zog Excalibur aus dem Stein. Durch diesen Akt der Ergebenheit wurde er König, ohne sich dessen in irgendeiner Weise bewusst zu sein. :-o
Wer um seine Schwäche weiß, ist demütig, und diese Demut kann ihm unglaubliche Kraft zum Dienen geben. Ein Dienender wird immer das Himmelreich erben. Selbst wenn er ganz bescheiden ist, hat er die Kraft, emporgehoben zu werden. :-o Mein Sohn, ich möchte, dass du die Kraft des Dienenden hast. Versuche nicht, mein Reich mit Gewalt einzunehmen. Bemühe dich einfach darum, mir und den Menschen um dich herum zu dienen – und dabei wirst du das Himmelreich erben. :-)
Dein dienender König,
>Gott

Dein tägliches Brot

Richte bald deine Herrschaft bei uns auf. Lass deinen Willen hier auf der Erde geschehen, wie er im Himmel geschieht. Gib uns auch heute wieder, was wir zum Leben brauchen.

Matthäus 6,10–11

Mein lieber Sohn!
>Ich habe deinen Körper so geschaffen, dass er immer wieder aufgetankt werden muss. Ohne Nachschub an Nahrung und Wasser wirst du sterben. Deine Lungen müssen auch ständig mit Luft gefüllt werden. Du kannst nicht nur ein einziges Mal einen tiefen Atemzug nehmen und dann schon allen Sauerstoff intus haben, den du für den Rest deines Lebens brauchst. :-o
Genauso habe ich dich nicht ein für alle Mal mit meinem Geist gefüllt – und damit genug. Nein, auch geistlich musst du ständig nachgefüllt werden. Komm jeden Tag zu mir, um die Nahrung zu bekommen, die du brauchst. Ich möchte deinen Geist mit Leben spendender Nahrung füttern. Ich möchte dir mit jedem Atemzug meinen Heiligen Geist einhauchen, damit er dir die Kraft geben kann, die du brauchst, um deinen Glauben aktiv und kraftvoll leben zu können. Komm und empfange die tägliche Nahrung, die ich für dich habe, mein Sohn. :-)
Dein Versorger,
>Gott

Die Furcht vor dem Herrn

Wer Gott ehrt, lebt sicher und geborgen; sogar seine Kinder leben noch in dieser Geborgenheit. Wer Gott in Ehrfurcht begegnet, hat die Quelle des Lebens gefunden und vermeidet tödliche Fehler.

Sprüche 14,26–27

Schalom!
>Ich möchte nicht, dass du dich vor mir fürchtest. Aber ich möchte schon, dass du einen gesunden Respekt vor mir hast. Ich möchte nicht, dass du dein Leben lang aus Angst vor meiner Gegenwart zitterst. Aber ich möchte, dass du die Weisheit besitzt, nahe bei meinem Schutz und meiner Stärke zu bleiben. Ein Mann, der mitten in einem tosenden Fluss an einem Felsen Halt gefunden hat, fürchtet sich nicht vor dem Felsen. Aber er hat eine begründete Furcht davor, den Felsen loszulassen. Das ist eine intelligente Art von Furcht – eine, die ihre Quelle der Zuversicht gefunden hat und nun Angst hat, sie gehen zu lassen.
Du hast deine Stabilität in mir gefunden. Fürchte dich nicht vor mir. Stattdessen stehe in Ehrfurcht vor mir und bewahre dir die gesunde Furcht davor, mich loszulassen und in den Stromschnellen davongespült zu werden, aus denen ich dich doch gerettet habe.
Deine Zuversicht und dein Halt,
>Gott

Dich selbst schenken

Doch Petrus sagte: «Geld habe ich nicht. Aber was ich habe, will ich dir geben. Im Namen Jesu Christi von Nazareth: Stehe auf und geh!»

Apostelgeschichte 3,6

Hallo, mein Lieber!
>Viele Menschen machen sich Gedanken darüber, was sie der Gemeinde oder dem Werk des Evangeliums geben könnten. Und dabei kommt ihnen nur in den Sinn, Geld zu spenden. :-(
Aber das ist nur ein Teil dessen, worum es beim Geben geht. Als ich die Jünger zu ihrer ersten christlichen «Missionsreise» schickte, war alles, was sie hatten, die Kraft und die Gnade, die ich ihnen gegeben hatte. Sie hatten kein Geld, das sie abgeben konnten. Aber durch ihr Kommen und ihre freundliche Hilfsbereitschaft machten sie den Menschen das wichtigste Geschenk von allen. :-o
Mein Sohn, das wichtigste Geschenk, das du dem Werk meines Evangeliums zu geben hast, bist du selbst. Geld für einen guten Zweck zu spenden, ist beachtlich und notwendig. Aber wenn du dich in meine Hände begibst, so ist das etwas ganz, ganz Besonderes. Beraube dich nicht selbst der Freude, dich von mir benutzen zu lassen, wenn du das Leben eines anderen mit meiner Erlösung und Heilung anrührst. Ich möchte, dass du aufregende Abenteuer erlebst, indem du dich mir schenkst. :-)
Lass uns gehen,
>Gott

Ozean und Badewanne

Denn darin sind die Menschen gleich: Alle sind Sünder und haben nichts aufzuweisen, was Gott gefallen könnte. Aber was sich keiner verdienen kann, schenkt Gott in seiner Güte: Er nimmt uns an, weil Jesus Christus uns erlöst hat.

Römer 3,23–24

Ich grüße dich!
>Wusstest du, dass jemand genauso in seiner Badewanne ertrinken kann wie im Pazifischen Ozean? Wenn einer selbstgerecht ist, dann ist das ein wenig, als ob er in einer Badewanne ertrinkt. Der Mann, der sich selbst dafür rühmt, gut und moralisch einwandfrei zu sein, dreht jenem Mann eine lange Nase, der offensichtlich unmoralisch lebt und in einem Meer von sichtbarer und öffentlicher Sünde ertrinkt. Aber der stolze Mann, der andere verurteilt, ertrinkt eigentlich in der Badewanne seiner Selbstgerechtigkeit. :-(
Jeder Mensch ist unvollkommen und kommt nicht an meine Vollkommenheit heran. Deswegen ist es gleichgültig, ob er beim Ertrinken Tausende Meter Wasser unter sich sieht oder ob er nur wenige Zentimeter Wasser unter der Nase hat. Geistlich ist er genauso tot. Nur durch Jesu Weg in die tiefsten Untiefen und durch seine Auferweckung über die Oberfläche hinaus ist Erlösung möglich. Bitte vergiss nicht: Ich habe dich nicht aus dem Ozean gerettet, damit du am Schluss in der Badewanne deiner Selbstgerechtigkeit ertrinkst.
Dein Retter,
>Gott

Die Übertragungsrate meiner Gnade

Aber weil er für uns eintritt, dürfen wir mit Zuversicht und ohne Angst zu Gott kommen. Er wird uns seine Barmherzigkeit und Gnade zuwenden, wenn wir seine Hilfe brauchen.

Hebräer 4,16

Hallo, E-Mail für dich!
>Im Internet ist es nicht nur von Bedeutung, wie schnell der Server einer Site die Information übertragen kann. Wenn die Person, die diese Site besucht, ein langsames Modem hat, dann wird sie die Information langsam empfangen. Ich versende Liebe immer in ein und derselben Geschwindigkeit – bedingungslos, voll aufgedreht, zu jeder Zeit. Aber einige Leute sind nicht in der Lage, bedingungslose Liebe zu empfangen. Ihre Empfangsrate zu mir mag durch ihre eigene niedrige Selbstachtung oder eine falsche Vorstellung von der Art, wie ich liebe, reduziert sein. Daher können sie die Liebe auch nur auf einem eingeschränkten Level empfangen. Und so hungern sie nach den «Daten», die sie brauchen, um geistlich zu wachsen. :-o Mein Sohn, wenn du die Gesamtheit meiner Liebe nicht empfangen kannst, weil du eine niedrige Empfangsrate oder andere Probleme hast, dann ist es Zeit, dir ein neues Modem zuzulegen. Mit der Übertragungsrate einer neuen Highspeed-Gnadenverbindung wirst du anfangen, ein deutlicheres Bild von meiner Liebe zu bekommen.
Dein schnellster Server,
>Gott

Die Stärke, mich zu brauchen

Ja, so ist mein Gott: Er hat mich errettet und mir geholfen, ich vertraue ihm und habe keine Angst. Der Herr allein gibt mir Kraft. Denke ich an ihn, dann beginne ich zu singen, denn er hat mich gerettet.

Jesaja 12,2

Mein geliebter Sohn!
>Manche Menschen glauben, es sei ein Zeichen von Schwäche, wenn sie mich brauchen. Aber sie könnten mit ihrer Meinung nicht weiter weg von der Wahrheit sein! :-(
Du kennst wahrscheinlich Männer, die nie um Hilfe bitten. Diese Männer erreichen meist viel, aber am Ende sind sie übermüdet, ausgelaugt und gestresst. Selbst wenn sie ihre Termine einhalten, schaffen sie es nicht, die Freude am Erfolg mit einem anderen Menschen zu teilen. Und sie sind so ausgebrannt, dass das nächste Projekt ihnen ihr Bestes zu rauben droht.
Der stärkste Mann auf der Welt ist der Mann, der andere Menschen hat, die ihn unterstützen und ihm helfen. Mit jedem Projekt wird er stärker, denn er hat die Hilfe, die er braucht. Er erfährt die Kameradschaft eines Teams, und er weiß, dass er auch in Zukunft auf die Unterstützung dieses Teams bauen kann. Als du so demütig wurdest, dass du mich um Hilfe batest, da erst wurdest du stark. Sei weiterhin so schwach, dass du mich um meine Stärke bittest. :-)
Der Leader im himmlischen Team,
>Gott

Die Wunde der Unversöhnlichkeit

Wenn du während des Gottesdienstes ein Opfer bringen willst und dir fällt plötzlich ein, dass dein Bruder etwas gegen dich hat, dann lass dein Opfer liegen, gehe zu deinem Bruder und versöhne dich mit ihm. Erst danach bringe Gott dein Opfer.

Matthäus 5,23–24

Ich denke immer wieder an dich!
>Immer wenn du in deinem Herzen nicht bereit bist zu vergeben und du darüber nachdenkst, ob du es der Person, die dich verletzt hat, heimzahlen willst, schadest du dir am Ende nur selbst. :,-(Wenn dir jemand ein Messer in die Seite stoßen würde, dann würdest du doch auch nicht dasitzen und es noch tiefer hineinstoßen, um damit deinen Angreifer zu bestrafen. Natürlich nicht. Du würdest das Messer so schnell wie möglich herausziehen.
Genauso ist es, wenn dir jemand etwas getan hat, das dich innerlich verletzt. Warum willst du durch Unversöhnlichkeit an diesem Schmerz festhalten? Du bist der Einzige, der darunter leidet. Mein Sohn, geh zu den Leuten, die dir wehgetan haben, und vergib ihnen. Und wenn du aus irgendeinem Grund nicht zu ihnen gehen kannst, dann komm zu mir. Wir wollen dann gemeinsam durch Gebet das Messer herausziehen. Halte dich nicht an Unversöhnlichkeit fest. Das schmerzt nur dich, und damit schmerzt es auch mich.
Der Spezialist für solche Fälle,
>Gott

Der wahre Freund

Viele so genannte Freunde schaden dir nur, aber ein wirklicher Freund steht mehr zu dir als ein Bruder.

Sprüche 18,24

Schalom!
>Menschen leben nicht einzig zu dem Zweck, deine riesigen Bedürfnisse zu befriedigen. Wenn du Freundschaften hast, die du nur aufrechterhältst, damit sie deinen eigenen Interessen dienen, dann ist es Zeit, dass du dein Herz noch einmal neu erforschst. :-(
Ein wahrer Freund ist bereit, sein Leben für seine Freunde zu geben. Er dient ihnen. Er hält zu ihnen, selbst wenn es schwer wird. Er verlässt sie nicht, wenn sie seinen Bedürfnissen nicht mehr nachkommen. Ein wahrer Freund schätzt den Wert von Freundschaft und bezahlt den Preis dafür. :-)
Mein Sohn, ich rufe dich auf, ein wahrer Freund für die Menschen in deinem Leben zu sein. Ich weiß, dass du nur eine eingeschränkte Menge an Zeit und Energie hast. Ich weiß, dass du nur ein Mensch bist. Aber ich möchte, dass du deine Liebe für mich widerspiegelst, indem du deine Freunde liebst. Ich bin der Freund, der dir näher ist als ein Bruder, und ich möchte, dass auch du solch ein Freund für deine Freunde bist.
Der, dem Beziehungen wichtig sind,
>Gott

Sei kein Schwellenhocker

Du, Herr, bist alles, was ich habe; du gibst mir alles, was ich brauche. In deiner Hand liegt meine Zukunft. Was du mir gibst, ist gut. Was du mir zuteilst, gefällt mir.

Psalm 16,5–6

Gerade habe ich wieder an dich denken müssen!
>Was wäre, wenn du der Erbe eines großen Vermögens wärst und dein Vater ein riesiges Bankett zu deinen Ehren geben würde, bei dem er dir vorzeitig dein Erbe übergeben will? Die Tische sind gedeckt. Köstliche Speisen aus der ganzen Welt sind herbeigeschafft worden. Dein Vater wartet voller Stolz darauf, dass du durch die Tür trittst. Würdest du auf der Schwelle zum Haus deines Vaters sitzen bleiben und nicht eintreten, weil du glaubst, er liebe dich nicht genug?
Leider tun das viele meiner Kinder. :,-(Sie sitzen an der Tür zum reichsten Erbe, das sie jemals bekommen können, und meinen, ich liebe sie nicht. Stattdessen glauben sie an die Lüge, dass ich nur darauf aus sei, über ihre Sünden Buch zu führen, um sie am Ende dafür bezahlen zu lassen.
Alles ist bereit, mein Sohn. Die Gäste sind schon da. Und ich warte voller Stolz darauf, dass du durch die Tür meiner bedingungslosen Annahme trittst. Du bist mein Sohn, an dem ich große Freude habe. Komm herein.
Der, der dich bedingungslos annimmt,
>Gott

Aus Schwäche wird Stärke

Und so trage ich alles, was Christus mir auferlegt hat: alle Misshandlungen und Entbehrungen, alle Verfolgungen und Ängste. Denn ich weiß: Gerade wenn ich schwach bin, bin ich stark durch Christus.

2. Korinther 12,10

Mein lieber Sohn!
>Kennst du noch die Geschichte vom hässlichen Entlein? Es war ein Schwan, der aus Versehen bei einer Entenfamilie zur Welt kam. Als er aufwuchs, fühlte er sich traurig und unglaublich anders. Aber es war eben diese Andersartigkeit, die ihn schließlich zu einem wunderschönen erwachsenen Schwan werden ließ.
Manchmal sind es genau die Eigenschaften oder Schwächen, die du an dir gehasst hast, die dir hinterher am meisten Segen bringen. :-) In unserer Beziehung gilt das übrigens für alle deine Schwächen. Weil deine Schwächen dich nämlich dazu veranlassen, mich um meine Stärke zu bitten. Wenn du mich in deiner Schwachheit rufst, dann wird aus eben dieser Schwachheit ein Segen und keineswegs ein Problem. Genau dies lenkt dich in meine Arme. Also freue dich an deinen Schwächen. Lass dich von ihnen zu meiner Stärke leiten.
Die Stärke deines Lebens,
>Gott

Wer ist bereit zu gehen?

Danach hörte ich den Herrn fragen: «Wen soll ich als Boten zu meinem Volk senden? Wer ist bereit zu gehen?» Ich antwortete: «Ich bin bereit, sende mich!»

Jesaja 6,8

Friede sei mit dir!
>Gewöhnlich wähle ich einen bestimmten Menschen aus, um ihn zu benutzen. Er kommt und sagt: «Hier bin ich, Herr. Benutze mich.» Er muss nicht der schlaueste oder der talentierteste sein. Er muss einfach nur bereit sein. Jesaja hörte einen Ruf, den ich zur gesamten Menschheit sprach – nicht ausdrücklich zu ihm. Er war nur auf meiner Wellenlänge und bereit, mir zu antworten. Folglich benutzte ich ihn, um auf der Erde erstaunliche Dinge zu tun. :-o
Mein Ruf geht immer noch hinaus in die ganze Welt: «Wen soll ich als Boten zu meinem Volk senden, und wer ist bereit zu gehen?» Wenn du ihn hörst, dann mach dir keine Gedanken darüber, ob du Mister Superchrist bist oder nicht. ;-) Sag einfach: «Hier bin ich, Herr, benutze mich.» Und ich werde dich sicherlich dazu benutzen, erstaunliche Dinge zu tun. Ich werde deinen Mund mit Worten der Wahrheit füllen und deine Hände dazu befähigen, mein Werk zu tun. Wenn du bereit bist, will ich dich senden.
Der, der ein bereitwilliges Herz sucht,
>Gott

Putzkraft oder Juniorchef?

Gottes Verheißung ist wie ein Testament rechtsgültig ... Würde Gott jetzt seine Zusage von der Erfüllung des Gesetzes abhängig machen, so wäre seine frühere Verheißung aufgehoben. Aber Gott hat Abraham seine Zusage ausdrücklich ohne jede Bedingung gegeben.

Galater 3,17–18

Hast du etwas Zeit für mich?
>Wenn deine Familie ein großes Unternehmen besitzen würde, würdest du sicherlich nicht jeden Tag in die Hauptverwaltung gehen, um dort Staub zu saugen und zu putzen, in der Hoffnung, dafür bezahlt zu werden. Du würdest doch wissen, dass du in diesem Unternehmen eine bestimmte Stellung, Sicherheit und Anerkennung hast.
Leider sind unter meinen Kindern einige, die bereits den vollen Erbanspruch auf mein Reich haben, aber immer noch meinen, sie müssten sich einen Platz in der Firma verdienen. Sie putzen und saugen immer noch außerhalb meines Herzens Staub und versuchen, das zu verdienen, was ihnen doch schon längst gehört. :,-(Mit deinen guten Taten solltest du nicht den Zweck verfolgen, meine Anerkennung zu erlangen. Sie sollten vielmehr zum Segen für andere eingesetzt werden. Die geistlichen Prinzipien, die du auf dein Leben anwendest, sollen deinem Segen und deinem inneren Reifungsprozess dienen. Du hast bereits meine ganze Liebe!
Der Vater der Verheißung,
>Gott

Feinmachen ist nicht nötig

Gott aber hat uns seine große Liebe gerade dadurch bewiesen, dass Christus für uns starb, als wir noch Sünder waren.

Römer 5,8

Was hältst du hiervon?
>Was wäre, wenn dein Sohn ausreißen würde und du überall nach ihm suchen müsstest? Du würdest jede Nacht von ihm träumen und jeden Tag für seine Rückkehr beten. Eines Tages schließlich würdest du ihn sehen, wie er deine Einfahrt hinaufkommt, verprügelt und dreckig. Würdest du zu ihm sagen: «Tut mir leid, mein Junge. Es ist schön, dich zu sehen, aber ich hätte erwartet, dass du etwas sauberer nach Hause kommst. Geh erst einmal unter die Dusche, und lass deine Wunden verheilen, und dann such dir eine Stelle, damit du dir ein paar neue Kleider kaufen kannst. Dann kannst du vielleicht nach Hause kommen.» Würdest du so etwas sagen? Wohl kaum! Du würdest auf ihn zulaufen, ihn in die Arme nehmen und Freudentränen weinen. Du würdest ihm ein Bad einlaufen lassen und ihn wieder gesund pflegen. Ganz genauso ist es bei mir; du brauchst dich nicht erst schön anzuziehen, bevor du zu mir kommen kannst.
Du bist mein Sohn. :-) Auch der größte Dreck kann mich nicht davon abhalten, dich in meine Arme zu schließen.
Dein Erlöser,
>Gott

Ein sicheres Fundament

Wenn ein Wolkenbruch niedergeht, das Hochwasser steigt und der Sturm am Haus rüttelt, wird es trotzdem nicht einstürzen, weil es auf Felsengrund gebaut ist.

Matthäus 7,25

Magst du etwas lesen?
>In meinem Wort findest du wunderbares geistliches Material und Weisheiten für den Bau deines geistlichen Hauses. Aber es hat keinen Sinn, mit dem Bau anzufangen, bevor du ein Grundstück auf dem unerschütterlichen Felsen meiner Göttlichkeit gekauft hast. Wenn du die Wahrheit über diese Göttlichkeit und über den Tod und die Auferstehung von Jesus nicht glaubst, kannst du noch so viele geistliche Prinzipien aus meinem Wort erfahren, du wirst immer ohne stabiles Fundament und damit auch furchtbar wackelig sein. :-(
Viele Leute halten Jesus für einen guten Menschen, einen klugen Lehrer und einen Propheten. Aber Jesus war viel mehr. Er selbst legte sich hin, um *das* Fundament zu sein, auf dem du dein Leben bauen kannst. Wenn du nicht mit dieser soliden Grundlage anfängst, dann ist es völlig gleichgültig, was für ein geistliches Haus du baust; es wird den Stürmen des Lebens nicht standhalten. Mein Sohn, kauf dir ein Grundstück auf dem Felsen meines Sohnes. Wenn er dein Fundament ist, dann wird dein Haus nicht einstürzen. :-)
Der solideste Boden schlechthin,
>Gott

Warte nicht, dass sie kommen

Dann sagte er zu ihnen: «Geht hinaus in die ganze Welt und verkündet allen Menschen die Heilsbotschaft.»

Markus 16,15

Sei gegrüßt!
>Meine bevorzugte Methode für den Dienst in meinem Reich heißt nicht: «Bau etwas auf, und sie werden schon kommen.» Ich habe die Jünger nicht gebeten, nach Pfingsten eine Kirche zu bauen, kulturell passende Programme anzubieten und zu hoffen, dass die Leute kommen und gerettet würden. Ich habe sie vielmehr in die Welt hinaus geschickt, um die Verlorenen zu suchen und zu retten. Genauso wenig rufe ich dich dazu auf, dein Christsein von deinem Leben abzutrennen. Nein, ich möchte, dass du deinen Glauben in jeden Bereich deines Lebens integrierst. Ich will nicht, dass du nur auf eine gute Gelegenheit wartest, um Freunde in die Kirche einzuladen, wo ihnen dann dein Pastor an deiner Stelle die Wahrheit verklickert. Obwohl auch das wirksam sein kann, sollte das nicht das ganze Ausmaß deines Einsatzes sein. Betrachte jeden Bereich deines Lebens als Missionsfeld. Habe ein mitfühlendes Herz für die Bedürfnisse der Menschen um dich herum und ein liebendes Herz, das voller Demut auf andere zugeht. Warte nicht darauf, dass sie zu dir kommen.
Der, der dich aussendet,
>Gott

Tu es nicht verkrampft

Wie ein Hirte seine Herde weidet, so wird der neue König regieren. Gott, der höchste Herr, hat ihn dazu beauftragt und gibt ihm die Kraft.

Micha 5,3

Schalom!
>Jeder ist dazu aufgerufen, Diener meines Evangeliums zu sein. Aber ich möchte nicht, dass du dabei verkrampft bist. Verkrampfte Diener erzählen den Leuten von mir, weil sie es müssen, nicht weil sie es wollen. Ihre Zuwendung basiert auf einem inneren Druck, nicht auf Mitgefühl. Sie wollen die Verlorenen retten, vergessen dabei aber, die Ungeliebten zu lieben. Sie zählen Köpfe, vernachlässigen es aber, Herzen zu heilen. Ihre Seele ist gespannt und überanstrengt, weil sie versuchen, aus eigener Kraft ein «respektables» Ergebnis ihres Dienstes zu erzwingen. :-(
Mein Sohn, lass niemals Menschen zu Nummern werden. Lass deine Zuneigung niemals zu einer Pflichtübung anstelle von Vergnügen verkommen. Betrachte die, die zu mir kommen, nicht als «Trophäen» in deiner geistlichen Vitrine. Liebe sie mit meiner Liebe, und daraus wird ein natürlicher Instinkt, ihnen zu dienen. Nur mein mitfühlendes Herz kann dich von deinen verkrampften Motiven für deinen Dienst befreien.
Der dich berufen hat, in meiner Kraft zu dienen,
>Gott

Ich bin für dich

Kann man wirklich noch mehr erwarten? Wenn Gott für uns ist, wer kann dann gegen uns sein? Gott, der für uns seinen eigenen Sohn geopfert hat, sollte er uns noch etwas vorenthalten?

Römer 8,31–32

Na, wie geht es dir heute?
>Ich bin kein großer himmlischer Sheriff, der nur darauf wartet, dass du einen Fehler machst, damit ich dich dann mit meiner Waffe der Verdammnis abschießen kann. Ich bin eher wie ein Vater, der dir an deinem großen Tag zusieht und dich anfeuert. Ich liebe dich, mein Sohn. Ich habe Hoffnungen für deinen Erfolg. Und ich habe Pläne, die dich gegen dein Scheitern schützen sollen. Wenn du das Beste tust, was du kannst, und es nicht gut genug zu sein scheint, dann habe ich Verständnis dafür. Wenn du das Spiel gewinnst, dann freue ich mich mit dir. Wenn du das Spiel verlierst, dann bin ich der Vater, der dich hinterher beiseite nimmt, um mit dir bei einem Eisbecher alles zu besprechen. ;-)
Mein Sohn, vertraue darauf, dass ich auf deiner Seite bin und dass ich nicht darauf warte, deine Fehler breitzutreten. Ich befreie dich dazu, dein Bestes zu geben. Ich befreie dich dazu, ohne Versagensängste Erfolg zu haben. Auf geht's!
Der auf deiner Seite steht,
>Gott

Gib mir die Kanone

... die Menschen missachten deine Gesetze. Ich aber liebe deine Gebote. Sie bedeuten mir mehr als reines Gold. Jede Art von Falschheit ist mir verhasst. Nur deine Gebote garantieren einen guten und geraden Weg. Herr, deine Gebote sind wunderbar, deshalb befolge ich sie gern.

Psalm 119,126–129

Friede sei mit dir!
>Einem Kind mag eine Pistole wie ein tolles Spielzeug erscheinen. Sie glänzt und ist aufregend und macht laut «Peng». Aber ein Vater würde seinem Jungen niemals eine echte Pistole zum Spielen geben, weil der Vater das tödliche Potenzial der Waffe ja genau kennt.
Es gibt bestimmte «Spielsachen», die ich um meiner Kinder willen verboten habe. Ich habe sie in meinem Wort und in den Zehn Geboten detailliert aufgeführt. Ich bin durchaus kein Spielverderber, der dir nur deinen Spaß nehmen will. Ich zeige dir vielmehr einen Weg auf, wie du mit Freude leben kannst, ohne dich dabei zu verletzen. :-o
Bitte lass dich nicht von dem oberflächlichen Glanz des Ehebruchs oder der Begierde reizen oder von der aufregenden Verlockung, andere Götter und Götzen anzubeten. Lass dich nicht von den Spielzeugen des Egoismus in Versuchung führen. Ich bin dein dich liebender Vater. Gib mir die Kanone.
Der, der dich beschützt, :-)
>Gott

Investition mit Verstand

Wer ein Haus baut, braucht Weisheit und Verstand; wer dazu noch Geschick besitzt, kann es mit wertvollen und schönen Dingen füllen.

Sprüche 24,3–4

Ich grüße dich, mein Sohn!
>Die Welt schätzt einen Mann, der viel Geld auf seinem Bankkonto hat. Er wird dafür bewundert, dass er bei Bedarf jederzeit darauf zurückgreifen kann. Aber was natürlich keiner sieht, sind die vielen kleinen Einzahlungen und die vielen vernünftigen Investitionen, die sein Bankkonto erst zu dieser bewundernswerten Größe haben anwachsen lassen. Der Mann des Glaubens ist wie der Mann mit dem großen Bankkonto. Er macht über die Jahre regelmäßig Einzahlungen in Form von Gebeten, Danksagungen und gemeinsam mit mir verbrachter Zeit. Er bringt sich selbst in Dinge ein, die für mein Reich Frucht bringen. Und wenn dann die Zeit kommt, in der er auf sein Konto zurückgreifen muss, hat er unbegrenzte Mittel. Er hat einen riesigen Vorrat an Segen, mit dem er «um sich werfen» kann. ;-) Ich habe dir geistliche Reichtümer geschenkt, aber du musst überlegen, was du mit ihnen tun willst. Investiere sie mit Verstand, mein Sohn. :-)
Dein bester Berater,
>Gott

Bereitet dem König einen Weg

Alles begann so, wie es in der Heiligen Schrift vorausgesagt worden war: «Gott wird einen Boten senden, der die Welt darauf vorbereiten soll, dass Gottes Sohn kommen wird.»

Markus 1,2

Hallo, du hast Post!
>Früher, bevor die Fernstraßen und Autobahnen erfunden waren, war Reisen eine äußerst mühselige Angelegenheit. Es gab Schlaglöcher und große Steine auf dem Weg, sandige und öde Wüsten und dichte Wälder. Es war schwierig, einen Pferdewagen zu lenken und darin zu reisen. Aber es war noch anspruchsvoller für den langen Zug des Königs, wenn er über Land unterwegs war. Und darum hat der König vor Antritt seiner Reise angeordnet, dass der Weg für ihn vorbereitet werden sollte. :-o Monate vor Reisebeginn wurde den Leuten die Reiseroute des Königs mitgeteilt. Sie begannen dann, Felsbrocken von der Straße zu entfernen, Talwege aufzufüllen und eine Route durch die Berge zu finden. Sie gingen jedes Stück des Weges ab, um ihn für den König vorzubereiten. Mein Sohn, ich bin dein König, und ich reise durch dein Land. Ich bin unterwegs, um mein Volk nach Hause zu holen. Wirst du herausfinden, welchen Weg ich nehme? Wirst du den Weg von allen Hindernissen befreien? Der Aufruf ist ergangen. Bereitet dem König einen Weg.
Auf der Reise,
>Gott

Zieh in die Nachbarschaft

Denn Gott hat die Menschen so sehr geliebt, dass er seinen einzigen Sohn für sie hergab. Jeder, der an ihn glaubt, wird nicht verloren gehen, sondern das ewige Leben haben.

Johannes 3,16

Mein lieber Sohn!
>Als Jesus der menschlichen Gemeinschaft dienen wollte, zog er in ihre Nachbarschaft. Er rief nicht einfach vom Himmel herunter: «Nun reißt euch doch mal zusammen, sonst ...!» Er ging mitten in ihre in Unordnung geratene Existenz hinein und begann ihnen zu helfen, alles wieder in Ordnung zu bringen. Er verstand ihre Schwierigkeiten, und er hatte Mitleid wegen ihrem Schmerz. Er kümmerte sich um mehr als nur ihre ewigen Seelen. Er kümmerte sich auch um jeden einzelnen Aspekt ihres menschlichen Lebens und Leidens.
Mein Sohn, ich möchte, dass du eine lebenslange Beziehung eingehst mit den Menschen, denen du dienst. Ich möchte, dass du in die Nachbarschaft ihrer Sorgen, Freuden, Hoffnungen und Träume ziehst. Habe nicht nur mein großes Herz für die Erlösung der Menschheit. Habe auch mein sorgendes Herz für das Wohlergehen der einzelnen Männer und Frauen. Bitte – bring dich in das Leben der Menschen ein. :-)
Der, der sich gerne einmischt,
>Gott

Konkurrenzkampf ohne Gewinn

Mit aller Kraft laufe ich darauf zu, um den Siegespreis zu gewinnen, das Leben in Gottes Herrlichkeit. Denn dazu hat uns Gott durch Jesus Christus berufen.

Philipper 3,14

Wie geht es dir?
>Die Gesellschaft, in der du lebst, ist geradezu besessen von Geschäftigkeit. Die Lüge des Konkurrenzkampfes lautet: Wer am meisten erreicht, am härtesten arbeitet und am reichsten stirbt, ist am Ende der Sieger. Das ist eine verhängnisvoll falsche Sichtweise. Sie beruht auf dem, was du tust, und nicht auf dem, wer du bist. :-(
Mich interessiert viel mehr, wer du wirst, als das, was du tust. Du könntest deine ganze Kraft aufwenden, um den Dingen dieser Welt nachzujagen, und doch erreichst du nie einen bedeutsamen Ort. Du willst doch nicht über die Ziellinie torkeln, nur damit dir am Ende der Preis in den Händen zerbricht? Ich will dich ermutigen, dich aus diesem Konkurrenzkampf auszuklinken und deine Kraft für Dinge aufzuwenden, die es wirklich wert sind. Verbringe deine Zeit weise, indem du mich suchst und erfährst, was ich mit dir vorhabe. Ich will dich leiten und dir die Kraft geben, damit du das Ziel erreichst, das in Jesus Christus ist. Sein Rennen ist das einzige, das der Mühe wert ist.
Der Weg heraus aus dem Konkurrenzkampf,
>Gott

Verfolge das Echte

Indem sie die Schöpfung anbeteten und nicht den Schöpfer, haben sie Gottes Wahrheit verdreht und ihrer eigenen Lüge geglaubt. Aber dem Schöpfer allein gehören doch Lob und Ehre bis in alle Ewigkeit – das ist gewiss!

Römer 1,25

Schalom!
>Es besteht ein Unterschied zwischen dem wahren, echten Christsein und dem kulturell angelegten Christsein, das mit seinen eigenen blassen Mythen daherkommt.
Jesus ist ein Jude aus dem Nahen Osten, kein europäischer Darsteller in einem Film. Das Kreuz war eine schreckliche Art zu sterben, kein hübscher goldener Kettenanhänger. Als Jesus die Menschen heilte, wurde nicht einfach nur schön für sie gebetet, so dass sie sich dann innerlich gut fühlten. Er betete leidenschaftlich über ihnen und heilte sie komplett. Wenn Jesus sagt, dass wir seine Kraft haben, um gewisse Dinge zu erreichen – zum Beispiel die Kraft zu heilen –, dann meint er das auf keinen Fall bloß sinnbildlich. :-) Weißt du, der Satz «Ich denke an dich, mein Bruder» bringt nicht viel, wenn jemand wirklich in Not ist.
Mein Sohn, lass dich nicht auf das kulturell beschnittene Christsein ein, wenn doch das Echte jederzeit zu haben ist. Mein Wort ist kulturübergreifend.
Der Herr des unverdünnten Evangeliums,
>Gott

Bleib eingestöpselt

Ich bin der Weinstock, und ihr seid die Reben. Wer bei mir bleibt, in dem bleibt mein Leben, und er wird viel Frucht tragen. Wer sich aber von mir trennt, kann nichts ausrichten.

Johannes 15,5

Hast du eine Minute Zeit für mich?
>Meine Liebe und meine Gnade sollen dich auf deiner geistlichen Reise ernähren. Aber es ist so leicht, sich von mir zu lösen, nicht wahr? Es ist leicht zu glauben, man hätte genügend Kraft bekommen, um nun eine Zeitlang allein weiterzugehen. Auf gewisse Weise stimmt das ja auch. Manche Menschen verbringen tatsächlich ihr ganzes geistliches Leben so und benutzen mich wie ein Akku-Ladegerät statt als dauerhafte Kraftquelle. Sie laden sich bei einer Freizeit oder einem inspirierenden Gottesdienst auf. Dann treiben sie wieder davon und kommen erst wieder, wenn sie leer sind. :-(
Du kannst eine gewisse Zeit von meiner Kraft zehren, ohne wirklich mit mir verbunden zu sein. Aber ich möchte nicht, dass du so lebst. Das Geheimnis eines kraftvollen Lebens im Überfluss ist, dass du die Verbindung zu mir aufrechterhältst. Ich habe dich geschaffen, so zu leben. Darum benutze mich nicht einfach nur als deine geistliche Ladestation. Bleib eingestöpselt. :-)
Deine dauerhafte Kraftquelle,
>Gott

Die Henne oder das Ei

Jesus Christus ist und bleibt derselbe. Wie er gestern war, so ist er auch heute, und so wird er für immer und ewig bleiben.

Hebräer 13,8

Hallo, da bin ich wieder!
>Manche Menschen glauben, ich sei nur ein Produkt der menschlichen Phantasie. Sie glauben, dass der Mensch mich in seinen Gedanken erschaffen hat, um eine Hoffnung auf etwas zu haben, das jenseits seiner Person liegt. Sie scheinen darüber verwirrt zu sein, ob zuerst ich da war und den Menschen dazu geschaffen habe, mich zu brauchen – oder ob zuerst der Mensch da war und mich dann geschaffen hat, um seine Bedürfnisse zu befriedigen. Nun, ich will diese Frage ein für alle Mal beantworten: Ich kam zuerst, ich kam in der Mitte, und ich werde am Ende wieder kommen. Es gab mich schon, noch ehe die Menschheit ein Bedürfnis verspüren oder aussprechen konnte. Und als mich die Menschen am meisten brauchten, da bin ich in ihre Welt gekommen, um ihr Bedürfnis durch Jesus Christus zu stillen. Und mehr noch, ich werde am Ende zurückkommen, um alle Zweifel zu zerstreuen. Dann wird jeder die wahre Schöpfungsordnung sehen und verstehen können. Also, bete mich doch an als den Anfang, die Mitte und das Ende. :-o
Der, der war und ist und sein wird,
>Gott

Das Unglück mit dem Berglöwen

Unzucht, Diebstahl, Mord, Ehebruch, Habsucht, Bosheit, Betrügerei, Begehrlichkeit, Neid, Verleumdung, Überheblichkeit und Leichtsinn. Dies kommt von innen heraus, und das ist es auch, was die Menschen von Gott trennt.

Markus 7,21–23

Heute möchte ich dir eine Geschichte erzählen:
>Ein Mann baute ein wunderschönes Haus. Eines Tages ging er in den Wald und fand dort einen jungen Berglöwen, der von seiner Mutter verlassen worden war. Er war so niedlich wie ein Hauskätzchen, und so nahm er ihn mit nach Hause, um ihn zu behalten, bis er ein bisschen gewachsen war. Als der Berglöwe älter wurde, kratzte er den Mann manchmal mit der Pranke und tat ihm weh. Der Mann wusste, dass er die Katze freilassen musste, aber in der Zwischenzeit hatte er sich so an sie gewöhnt. Bald wurde der Berglöwe so groß und aggressiv, dass er das Haus verwüstete und den Mann schwer verletzte. Bis der Mann den Zoo angerufen hatte, damit man ihm half, sein «Haustier» wegzubringen, war es schon völlig außer Kontrolle. :-(
So ist es auch mit den gewohnheitsmäßigen Sünden, mein Sohn. Sie beginnen als niedliche Kuriosität, und wenn sie dann zu einem ausgewachsenen Problem geworden sind, haben sie dein Leben in Stücke gerissen. Greife nicht nach solchen Raubkatzen. Und wenn du bereits eine hereingelassen hast, dann hole dir bei mir Hilfe, um sie wieder loszuwerden.
Der, der dich beschützt,
>Gott

Die Gabe, bereit zu sein

Nicht weit von seinen Jüngern entfernt kniete Jesus nieder und betete: «Vater, wenn es möglich ist, bewahre mich vor diesem Leiden. Aber nicht was ich will, sondern was du willst, soll geschehen.»

Lukas 22,41–42

Mein lieber Sohn!
>Wenn Jesus alle seine Wunder und Heilungen getan hätte, aber nur widerwillig sein Leben gegeben hätte, dann wäre er in seiner wichtigsten irdischen Mission gescheitert. Seine Wunder und Lehrreden waren in vielerlei Weise gewiss ein Segen für die Menschen. Aber es war dieser letzte Akt des Gehorsams und der Hingabe, der mein vordringliches Ziel zur Vollendung brachte, nämlich die Erlösung der Menschheit. :-o
Viele Christen hätten gerne die Gabe des Heilens, des öffentlichen Lehrens oder auch der Leitung von Anbetungsgottesdiensten. Nicht annähernd so viele wären bereit, ihr Leben zu geben. Ein Leben, das mir ganz und gar ergeben ist, das ist es aber, wonach *ich* suche. Wenn du bereit bist, alles für mich zu geben – wenn du bereit bist, jeden Tag zu beten: «Dein Wille, nicht meiner, geschehe, oh Herr» –, dann bist du das Gefäß, das zum Gebrauch in meinem Reich am besten geeignet ist.
Der Herr der bereitwilligen Herzen,
>Gott

Schrotthaufen und Meisterstück

Wer in mir bleibt und ich in ihm, der bringt viel Frucht; denn ohne mich könnt ihr nichts tun.

(Luther 1999) Johannes 15,5

Schalom!
>Du weißt, dass du eine Menge Dinge ohne mich tun kannst. Du fährst Auto, du arbeitest in deinem Beruf, du schreibst einen Brief, du kochst ein Menü – alles ohne Probleme. Was will ich mit der Bibelstelle also sagen? Die Arbeit, die du aus eigener Kraft tust, ist wie die Arbeit eines Zehnjährigen, der den feinen Meißel eines Bildhauers in der Hand hält. Sicher kann das Kind einige primitive Formen in Stein schlagen. Aber gib denselben Meißel mal in die Hand eines Bildhauermeisters, und schon entsteht Kunst. Wenn du erst einmal siehst, was der Meißel in der Hand des Meisters tun kann, wirst du die kindlichen Formen auf den Schrotthaufen werfen. :-o
Mein Sohn, ich weiß, dass du mit den Fähigkeiten, die ich dir gegeben habe, viel tun kannst. Aber lege dich selbst in meine meisterhaften Hände, und du wirst den Unterschied erleben! Sei bitte nicht zufrieden mit dem Schrotthaufen menschlicher Errungenschaften. Entdecke das Wunder deiner wahren Fähigkeiten. :-)
Der Bildhauermeister,
>Gott

Deine größte Leistung

Selbst wenn ich in allen Sprachen der Welt, ja mit Engelszungen reden könnte, aber ich hätte keine Liebe, so wären alle meine Worte hohl und leer, ohne jeden Klang, wie dröhnendes Eisen oder ein dumpfer Paukenschlag.

1. Korinther 13,1

Sei gegrüßt!

>Du könntest ein geistliches Kraftwerk sein, das große Wunder für mich tun kann. Du könntest immer Wahrheit in die Leben anderer Menschen hineinsprechen. Du könntest jeden Cent, den du erübrigen kannst, an edelmütige Wohltätigkeits-Organisationen spenden und sogar für mich zum Märtyrer werden. Aber wenn du die Leute nicht liebst, die ich in dein Leben gestellt habe, dann bist du nur ein großer, lauter, schriller Werbespot deiner selbst. :-(

Liebe ist keine öffentliche Zurschaustellung von Spiritualität. Sie ist eine Privatangelegenheit des Herzens. Die Art, wie du Menschen liebst, ist ein Spiegel deiner Seele. Deine Meinung von anderen, die nur du und ich kennen, ist der Lackmustest der wahren Gerechtigkeit. Deine Familie zu lieben und ihre emotionalen Bedürfnisse zu befriedigen, ist das höchste geistliche Ziel, das du dir setzen solltest. Mein Sohn, ich habe dich dazu geschaffen, wunderbare Dinge für mich zu erreichen – aber bemühe dich zuerst um ein wahres Herz der Liebe, für mich und für andere. Das wird deine größte Leistung sein. :-)

Der, der dein Herz kennt,

>Gott

Ein Mann der Verpflichtung

Bin ich denn nun leichtfertig gewesen, als ich diese Reise plante? Entscheide ich etwa so, wie ich selbst es für richtig halte, ohne nach Gottes Willen zu fragen? Oder gehöre ich zu den unzuverlässigen Leuten, die «Ja» sagen, wenn sie «Nein» meinen?

2. Korinther 1,17

Hallo, mein Lieber!
>So viele Menschen haben Angst, verbindliche Verpflichtungen einzugehen. In dieser modernen Zeit gibt es viel zu wenige, die je die Erfüllung kennen lernen, die sich einstellt, wenn man lange Zeit mit etwas verbunden ist. Man nimmt eine Stelle an und benutzt sie als strategisches Sprungbrett für andere Stellen, und so ist die ganze Karriere am Ende eine Erfahrung wie beim Bockspringen. :-(Viele, die ihres Partners überdrüssig sind, gehen denn auch bald eine neue Beziehung ein. Und wenn ihr Pfarrer ihre Gefühle verletzt oder etwas sagt, das ihnen nicht passt, verlassen sie die Gemeinde, ohne sich auch nur darüber ausgesprochen zu haben. Ja, das Leben hat sich verändert: Es war einmal ein gemütliches Abendessen am Tisch, und nun ist es ein großer Drive-in-Schalter geworden.
In dieser Zeit launenhafter Vergänglichkeit rufe ich dich auf, der Welt zu zeigen, was es bedeutet, eine feste Verpflichtung einzugehen. Setz dich an den Tisch der Verpflichtung, und genieße ein langes, befriedigendes Mahl.
Der Herr aller Verpflichtung und Verbindlichkeit,
>Gott

Mit Würde alt werden

Ich gebe auf! So will ich nicht mehr weiterleben! Lass mich in Ruhe, denn mein Leben hat keinen Sinn mehr!

Hiob 7,16

Friede sei mit dir!
>Die Menschen in deiner Gesellschaft sind darauf fixiert, die menschliche Hülle, den Körper, so jugendlich wie möglich zu erhalten. Aber es gibt keinen Quell ewiger Jugend. Auf der Erde ist die Zeit ein rastloser Reisender. Sie schreitet unaufhaltsam voran, holt dich unabwendbar ein. Das hat mitunter schlimme Folgen: Der Zeitfaktor ist eine Ursache für Depressionen, wenn Menschen ein gewisses Alter erreichen oder einfach nur älter aussehen. :-(
Aber mein Reich ist nicht auf der Besessenheit zur Jugendlichkeit aufgebaut, sondern auf einem Reifeprinzip. Hier werden Qualitäten geschätzt, die nichts zu tun haben mit Schönheit oder Jugend, sondern Qualitäten, die geistliches Wachstum erkennen lassen.
Mein Sohn, versuch nicht, deine Jugend festzuhalten. Nimm den Alterungsprozess als Teil deines Lebens an. Mir ist nicht wichtig, wie alt du bist, sondern viel mehr, *wie* du alterst. Mich interessiert nicht dein Lebensabschnitt an sich, sondern wie du vorankommst beim Lernen der Lektionen jedes Abschnitts, während du ihn durchlebst.
Der, der dich reifen lässt,
>Gott

Ein unglaubliches Ende

Kommt her! Euch hat mein Vater gesegnet. Nehmt das Reich Gottes in Besitz, das er seit Erschaffung der Welt für euch als Erbe bereithält! Denn als ich hungrig war, habt ihr mir zu essen gegeben ...

Matthäus 25,34–35

Ich grüße dich!
>Das Leben der Christen auf der Erde wird ein unglaubliches Ende nehmen. Jesus kommt zurück zu meinen treuen Kindern. Dann werdet ihr ihn mit euren eigenen Augen sehen und ihn von Angesicht zu Angesicht anbeten. Was für eine unglaubliche Zeit wird das werden! Meine Kinder werden weder Leid noch Krankheit mehr kennen. Sie werden sich nicht mehr länger fragen, warum Dinge so geschehen sind, wie sie geschahen. Schmerz und Leid werden durch Friede und Freude ersetzt. Und der Gelähmte wird dann vor mir tanzen. Obwohl du gelitten hast, wird dir Lachen geschenkt werden. :-)
Das Unglaublichste am Ende eines Christenlebens ist aber, dass es in sich der Anfang einer Ewigkeit ununterbrochener und vollkommener Erfüllung ist. Während deines Lebens auf der Erde – egal wie dessen Umstände sind – kannst du Hoffnung und Mut haben. Einfach weil du weißt, dass die Geschichte deines Lebens ein vollkommenes Ende haben wird. Und dieses Ende wird der Anfang der Ewigkeit mit mir sein.
Der große König, der Ewige,
>Gott

Jetzt ist die Zeit gekommen

Ich aber bete zu dir, Herr! Jetzt ist die Zeit gekommen, in der du mich erhören wirst! Antworte mir! Du hast so viel Gutes für mich bereit! Ich rechne fest mit deiner Hilfe.

Psalm 69,14

Magst du ein wenig lesen?
>Ich bin nicht dein Koch vom Schnellimbiss. Ich gebe dir nicht immer, was du willst, nur weil du jetzt meinst, dass du es brauchst. Ich bin eher wie der oberste Diätkoch, der genau weiß, was du brauchst und wann du es brauchst, damit dein geistlicher Körper Höchstleistungen bringen kann. Ich kenne genau die richtige Kombination von erhörten Gebeten, die du verkraften kannst, und weiß auch, wann du sie bekommen musst. :-o
Beten heißt nicht einfach, eine Bestellung aufzugeben und sich dann aufzuregen, wenn alles falsch oder zu spät kommt. Beim Beten geht es darum, dass du deine geistliche Diät dem Fachmann übergibst und darauf vertraust, dass er dir das Richtige zu essen gibt. Du wirst großen Frieden haben, wenn du dich schließlich damit abfindest und beten kannst: «Oh Herr, du weißt am besten, was gut für mich ist. Antworte mir zu deiner Zeit und gib mir, was ich brauche.»
Der, der deinen Nahrungsbedarf bestens kennt,
>Gott

Lass dich verändern

Nehmt nicht die Forderungen dieser Welt zum Maßstab, sondern ändert euch, indem ihr euch an Gottes Maßstäben orientiert. Nur dann könnt ihr beurteilen, was Gottes Wille ist, was gut und vollkommen ist und was ihm gefällt.

Römer 12,2

Hallo, du hast Post!
>Du kannst dich nicht selbst verändern. Du musst dich von mir erlösen und von innen heraus verändern lassen. Wenn du erlöst bist, dann werden auch deine Handlungen allmählich den neuen Mann widerspiegeln, der du geworden bist. :-o
Wenn du versuchen wolltest, einem unerlösten Leben gute Taten hinzuzufügen, dann ist das, als ob du ein Feinschmeckergericht mit Thunfisch aus der Dose zubereiten wolltest. Egal, was für erlesene Gewürze du zugibst und welch ausgefallene Kochtechniken du anwendest, das Gericht wird am Ende immer nach Thunfisch aus der Dose und einigen erlesenen Gewürzen schmecken. Du musst die wichtigste Komponente austauschen, wenn du den Geschmack des Gerichtes verändern willst.
Wenn du mir dein Herz und deinen Geist überlässt, dann werde ich beide erneuern. Dann wird alles, was du tust, den Geschmack des neuen Lebens haben. Versuche nicht, dich mit guten Taten selbst zu ändern. Lass dich von der Erneuerung deines Herzens und deines Geistes verändern. :-)
Der, der Veränderung schafft,
>Gott

Jenseits deiner Grenzen

Jesus sah sie ernst an: «Für Menschen ist es unmöglich, aber nicht für Gott. Bei ihm gibt es kein ‹Unmöglich›.»

Markus 10,27

Ich grüße dich, mein Sohn!
>Ich habe große Dinge vor mit dir. Aber dafür musst du auch ein paar Risiken eingehen. Wenn du immer nur auf Nummer Sicher gehst, dann wirst du niemals das Wunder meines Wirkens in dir erleben. Wenn du immer nur dort im Schwimmbecken schwimmst, wo du den Rand auf Armeslänge erreichen kannst, dann wirst du niemals den Nervenkitzel spüren, wenn du einmal über deine Grenzen gehen musst. :-(
Ich möchte nicht, dass du rücksichtslos lebst. Aber ich möchte, dass du ein Leben führst, das dich wachsen lässt. Folge mir über deine eigenen persönlichen Kräfte und Fähigkeiten hinaus an einen Ort, wo die wunderbaren Dinge, die dir und durch dich passieren, nur noch durch meine Gegenwart in deinem Leben erklärt werden können. Beschränke dich nicht auf das, was du ganz leicht und ohne jede Anstrengung erreichen kannst. Lebe ein Leben jenseits deiner Grenzen.
Der Vater der grenzenlosen Möglichkeiten,
>Gott

Atme tief ein

Da nahm Gott Erde, formte daraus den Menschen und blies ihm den Lebensatem in die Nase. So wurde der Mensch lebendig.

1. Mose 2,7

Wie geht es dir heute?
>Ich habe deine Lungen geschaffen, damit du Luft einatmen kannst. Sie brauchen keine theologische Begründung dafür, dass sie Sauerstoff aufnehmen. Sie tun es einfach.
Schon bevor ein Mensch sich dafür entscheidet, mir sein Leben zu geben, hat er bereits einen wesentlichen Teil von mir in sich, weil er nach meinem Bild geschaffen ist und weil ich ihm Leben eingehaucht habe. Es ist doch einigermaßen amüsant, dass die Menschen sich mit genau dem Atem, der meine Realität in ihrem Leben bezeugt, über meine Existenz streiten. ;-)
Wissenschaftler können viele Dinge erklären, aber sie können niemals Leben aus dem Nichts erschaffen. Das Leben ist ein Geschenk von mir, und es bezeugt meine Existenz. Wenn du jemals in die Versuchung geraten solltest, meine Realität anzuzweifeln, dann atme tief ein und denke darüber nach, wer dir die Energie und den Sauerstoff gegeben hat, die erforderlich sind, damit du das überhaupt tun kannst.
Der Atem in deinen Lungen,
>Gott

Baue die Startbahn

Trotz allem besserten wir die Mauer weiter aus, und schon bald waren ihre Lücken bis zur halben Höhe geschlossen. Denn das Volk arbeitete mit ganzer Kraft.

Nehemia 3,38

Schalom!
>Viele Menschen wünschen sich, dass ihre Träume sie wie ein Flugzeug in die Luft tragen. Sie sitzen herum und feilen an diesen Träumen und bauen und vervollkommnen ganz leise den «Traumflieger», mit dem sie eines Tages in den Himmel fliegen werden. Aber genau diesen Menschen gelingt es oft nicht, sich Zeit zu nehmen, um die solide Startbahn zu bauen, die sie brauchen, damit dieser Traum überhaupt in die Luft gehen kann.
Ein Flugzeug kann ohne Startbahn nicht abheben, und Träume können ohne praktische Pläne und Ziele nicht in Angriff genommen werden. Du sollst ein Träumer sein, gewiss, aber auch ein Macher. Jeder kann dasitzen und sich vorstellen, wie er hoch oben in der Luft im Cockpit sitzt und die Dinge steuert. Aber ohne einen Plan, der Hand und Fuß hat, wird dieser Traum niemals Flügel bekommen und abheben können. Ich habe unendlich große Träume für dich. Aber ich fordere dich auf, die alltäglichen Dinge zu tun, damit diese Träume wahr werden können!
Der, der dir Träume schenkt,
>Gott

Begnadete Raupen

Deshalb bin ich auch ganz sicher, dass Gott sein Werk, das er bei euch durch den Glauben begonnen hat, zu Ende führen wird, bis zu dem Tag, an dem Jesus Christus wiederkommt.

Philipper 1,6

Hallo, da bin ich wieder!
>Jeder weiß, dass Raupen schließlich zu Schmetterlingen werden. Aber zunächst sind sie definitiv Raupen. Sie können nicht fliegen. Sie bewegen sich nur langsam voran. Und sie sehen aus wie dicke, fette Würmer. Aber so müssen sie eben anfangen. ;-)
Wenn du deinen geistlichen Weg mit mir beginnst, dann verspreche ich dir geistliche Reife, Heilung und Heil. Aber so weit bist du noch nicht. Du bist immer noch eine geistliche Raupe. Also hör auf, dich dafür zu bestrafen, dass du nicht perfekt bist, und krabbele einfach immer weiter auf das Versprechen zu. Ich habe dich zum Fliegen geschaffen, aber es ist ein Prozess, der Zeit, Geduld und eine Menge Gnade erfordert. Es ist sogar so, dass niemand wirklich die Fülle dieses Versprechens erreicht, bevor er nicht den Kokon des Todes durchbricht und in mein vollkommenes Reich gelangt. Also lebe anmutig in diesem Zustand als Raupe und sei der Mann, zu dem ich dich geschaffen habe. Aber bewege dich zielgerichtet auf das Versprechen zu, dass du einmal fliegen wirst. :-)
Dein Schöpfer,
>Gott

Komm und bete mich an

Ihr sollt deshalb so beten: «Unser Vater im Himmel! Dein heiliger Name soll geehrt werden.»

Matthäus

6,9

Ich habe wieder einen Gedanken für dich:
>Wenn du zu mir kommst, dann komm mit einem betenden Herzen. Komm mit Dank auf deinen Lippen und mit Lobpreis in deinem Mund. Nicht weil ich etwa daran erinnert werden müsste, wie gut ich bin. Ich weiß, wie gut ich bin. :-) Nein, wenn du ein betendes Herz hast, dann wirst *du* an meine Güte erinnert, und es hilft dir, einen Rahmen für unseren Umgang miteinander zu finden. Er sagt dir, dass *ich* Gott bin und nicht du. Er erinnert dich daran, dass alles Gute, das du hast, von mir kommt, deinem Vater im Himmel, der dich liebt. Und er erinnert dich an meine Heiligkeit und daran, wie abhängig du von mir bist.
Komm und bete mich an, denn du wurdest zur Anbetung geschaffen. Du wurdest geschaffen, um mir mit Liebe und Zuneigung zu antworten. Du wurdest geschaffen, um zu sagen: «Mein Vater im Himmel, dein heiliger Name soll geehrt werden.» Wenn du so sprichst, dann kennst du auch deinen Platz in der Welt und in meinem Reich.
Der, der deine Anbetung liebt,
>Gott

Ich bin dein Fan

Wenn ihr euch nicht ändert und so werdet wie die Kinder, kommt ihr nie in das Reich Gottes. Wer aber so klein und demütig sein kann wie ein Kind, der ist der Größte in Gottes Reich.

Matthäus 18,3–4

Mein lieber Sohn!
>Ich möchte, dass du so zu mir kommst, wie ein Kind zu seinem liebevollen Vater kommt. Ich möchte dich wie meinen Sohn in den Armen halten. Ich möchte dich durch die Schmerzen hindurch lieben und die Tränen wegwischen, die du heimlich weinst. Ich möchte dir aber auch zujubeln, wenn du etwas Großartiges tust. Und ich möchte in den guten Zeiten mit dir lachen.
Ich bin kein Vater, dem man es nur schwerlich recht machen kann. Ich bin immer an deiner Seite. Ich bin dein größter Fan. Ich war bei jedem wichtigen Ereignis in deinem Leben dabei, selbst als dein irdischer Vater nicht da war. :-o
Manchmal, wenn du dich so sehr bemühst, ein starker, stabiler Mann zu sein, findest du es wahrscheinlich schwer, als Kind zu mir zu kommen. Ein Kind kommt ungestüm auf seinen Vater zugerannt. Ich habe meine Arme aber immer weit geöffnet für dich, und ich werde dich immer annehmen. Komm jetzt zu mir gerannt. :-)
Dein Papa,
>Gott

Trau dich zu fragen

Hochmut kommt vor dem Fall, ein weiser Mensch ist bescheiden ... Ohne eine gute Regierung geht jedes Volk zugrunde; wo aber viele Ratgeber sind, gibt es Sicherheit.

Sprüche 11,2 und 14

Friede sei mit dir!
>Mein Ziel für dich ist, dass du Männer um dich hast, die dir helfen, deinen Glauben aktiv zu leben. Kein Profisportler hatte je Erfolg, wenn er ganz auf sich allein gestellt war. Er hatte immer eine Reihe von Trainern und Beratern oder auch Teamkameraden um sich, die ihm halfen, seine Ziele zu erreichen. Das Leben eines Christen ist ein Rennen, das du auch nicht alleine bewältigen solltest. Du brauchst gesunde Unterstützung von Teamkameraden, die dasselbe Rennen laufen. Du brauchst die heilende Berührung von geistlichen Trainern, die sich Zeit nehmen für dich, um zu beten und sich um deine geistlichen Verletzungen zu kümmern. :-o
Ich habe dich dazu geschaffen, dass du das höchste Ziel in Jesus Christus erreichst. Aber ich habe dich nicht geschaffen, das ganz allein und isoliert zu tun. Wenn du in deinem Leben noch keine Mentoren, keine Teamkameraden und keine geistlichen Trainer hast, dann wollen wir sie gemeinsam suchen. Fürchte dich nicht, nach ihnen zu fragen. Ihre Hilfe ist es, die alle Sieger über die Ziellinie bringt.
Dein bester Coach,
>Gott

Keine Angst vor der Plätzchenform

Deshalb habt Ehrfurcht vor dem Herrn! Dient ihm aufrichtig und mit ganzer Hingabe! Trennt euch von den Göttern, die eure Vorfahren jenseits des Euphrat und in Ägypten verehrt haben. Dient allein dem Herrn!

Josua 24,14

E-Mail für dich!
>Viele Menschen halten sich von mir fern, weil sie glauben, wenn man Christ wird, würde man ab sofort mit der Plätzchenform der christlichen Kultur ausgestanzt. Sie fürchten, sie müssten unattraktive christliche Stereotype werden. Aber es gibt keine christliche Plätzchenform. Christen sind eine Gruppe sehr unterschiedlicher Menschen mit einer gemeinsamen Hingabe und Verpflichtung gegenüber einer Person – Jesus Christus. Ich erwarte nicht, dass du dich einer bestimmten Sache, einer politischen Partei oder einer gesellschaftlichen Denkrichtung anschließt. Nichts dergleichen. Ich möchte nur, dass du dich ganz auf mein Wort, meinen Geist und meinen Dienst auf der Erde ausrichtest. Wenn du dich auf mich ausgerichtet hast, dann gebe ich dir vielleicht eine Aufgabe, ein Anliegen oder eine Mission. Aber schreib mir bitte nicht vor, was es sein soll. Ich habe dich als einzigartiges Geschöpf mit einem einzigartigen Glauben geschaffen, und ich will dir zeigen, wie du deinen einzigartigen Platz ausfüllen kannst. Du brauchst die Plätzchenform nicht zu fürchten. :-)
Der, der dich einmalig gemacht hat,
>Gott

Versteck dein Schlafzimmer nicht

Der Mann und die Frau waren nackt,
sie schämten sich aber nicht.

1. Mose | 2,25

Meine Gedanken sind bei dir!
>Ich bin der Schöpfer von Romantik und Intimität. Ich bin der Schöpfer von Liebe und sexuellen Beziehungen. Warum nur glauben so viele Leute, dass ich von Sex keine Ahnung hätte?
Weil der Teufel damals im Paradies eine Schlacht gewonnen hat, gewinnt er auch heute noch einzelne Scharmützel. Er redet Männern und Frauen ein, dass sie sich vor den intimen Bereichen ihres Lebens schämen und diese vor mir verbergen müssten, weil sie anstößig seien. Und so kommt es, dass viele christliche Ehepaare mich in der Kirche anbeten, sich aber in ihrem Schlafzimmer vor mir verstecken. :,-(
Wenn du mich nicht über alles Herr sein lässt, dann verpasst du etwas. Ich habe einen Plan, um deine intime Beziehung zu deiner Frau so gut zu gestalten, wie sie nur sein kann. Vertraue mir dein Liebesleben an, und ihr beide werdet eine größere Vertrautheit und Intimität erleben, als ihr das je zuvor hattet. Scheue dich nicht, mit mir oder deiner Frau darüber zu reden. Bringe alles ans Licht, und schäme dich nicht.
Der Schöpfer der Intimität,
>Gott

Keine Angst vor Konflikten

Der Herr, der König Israels, sagt zu den Göttern der Völker: «Jetzt habt ihr Gelegenheit, euch vor Gericht zu verteidigen. Legt eure Beweise vor!»

Jesaja 41,21

Hallo, hier bin ich wieder!
>Konflikte sind im Leben etwas völlig Normales. Nur Tote haben keine Auseinandersetzungen mehr in ihrem Leben. Manche Leute neigen dazu, vor ihnen zurückzuschrecken, weil Konflikte sie nervös machen. Sie glauben, wenn sie Konflikte ignorieren, dann würden diese sich von selbst erledigen. Aber das ist leider nicht der Fall.
Wenn du eine Wunde ignorierst, dann infiziert sie sich und bereitet dir nur noch mehr Schmerzen. Nur weil du sie nicht beachtest, geht sie noch längst nicht weg. Dasselbe gilt für die schwierigen Situationen in deinem Leben.
Ich möchte nicht, dass du vor Konflikten zurückschreckst. Sie sind nicht schlimm, wenn du richtig mit ihnen umgehst. :-o Wenn du voller Vertrauen in mich und voller Liebe gegenüber anderen Menschen an die Situation herangehst, dann hast du die Kraft, die Wunden des Konflikts zu heilen oder ihnen sogar vorzubeugen. Wende dich mir zu, und wir wollen gemeinsam den Konflikten ins Auge sehen.
Dein liebevoller Vermittler,
>Gott

Die Auferstehung von Träumen

Wenn das Weizenkorn nicht in die Erde fällt und erstirbt, bleibt es allein; wenn es aber erstirbt, bringt es viel Frucht. Wer sein Leben lieb hat, der wird's verlieren; und wer sein Leben auf dieser Welt hasst, der wird's erhalten zum ewigen Leben.

(Luther 1999) Johannes 12,24–25

Schalom!
>Manchmal musst du deine Träume dem Tod überlassen, damit du sehen kannst, wie sie auferstehen. Ein Haus, das sich nicht verkaufen lässt, hält dich am Ende an eben diesem Ort fest, damit du hier einen Segen erfährst, den du anderswo nie erfahren hättest. Eine Beförderung, die jemand anders bekommt, befreit dich am Ende dazu, einen besseren Sprung in deiner Berufskarriere machen zu dürfen. Vertraue mir deine Träume an, und ich werde nie zulassen, dass sich eine Tür schließt, ohne dass sich eine andere dafür öffnet. Jesus ist das beste Beispiel dafür. Als er am Kreuz starb und ins Grab gelegt wurde, mussten seine Jünger sich vorerst von dem Reich verabschieden, das er verheißen hatte. Diese Tür schien verschlossen zu sein. Aber als er wieder zum Leben auferstand, da wurde die Tür zur Kraft und Vergebung aufgestoßen, die es ohne seinen Tod nie gegeben hätte. Deshalb, mein Sohn, lass dich auf meine Pläne ein, so wie Jesus es getan hat, und die Türen, durch die du trittst, werden am Ende zum Segen führen. :-)
Der, der dein Vertrauen wert ist,
>Gott

Glaube kennt auch Zweifel

Wenn das geschieht, werden wir im Glauben immer mehr eins werden und Jesus Christus, den Sohn Gottes, immer besser kennen lernen. Wir sollen zu mündigen Christen heranreifen, zu einer Gemeinde, in der Christus mit der ganzen Fülle seiner Gaben wirken kann.

Epheser 4,13

Etwas ist mir wichtig:
>Wenn du Auto fährst oder mit dem Flugzeug unterwegs bist, dann glaubst du, dass du sicher an deinem Ziel ankommen wirst. Selbst wenn du während der Reise Angst bekommst oder an deiner sicheren Ankunft zweifelst, hält dich doch dein Glaube davon ab, alle Hoffnung zu verlieren, den Notausstieg zu suchen und hinauszuspringen.
Tatsache ist: Der Glaube nimmt dir den Zweifel nicht weg. Er stellt sich jedoch über allen Zweifel und schenkt dir Vertrauen, bis du am angepeilten Ziel angekommen bist.
Wenn du auf der Reise des Lebens Turbulenzen erlebst und dich unterwegs fürchtest, dann mach dich nicht selbst fertig, weil du manchmal Zweifel hast. Das ist normal! Es gehört dazu. Geh einfach weiter mit dem Glauben, der dich an der Reise festhalten lässt. Wir werden sicher an unserem Ziel ankommen. Halte den Glauben fest.
Der Herr der Reise,
>Gott

Lass uns dein Leben richtig bauen

Noah lebte so, wie es Gott gefiel, und hörte auf ihn. Er tat nur, was in Gottes Augen gut war ... Noah führte alles so aus, wie Gott es ihm aufgetragen hatte.

1. Mose | 6.9 und 22

Geht's dir gut heute?
>Wir sind Geschäftspartner beim Bau deines Lebens. Ich bin der Architekt, und – ob du es glaubst oder nicht – du bist der Bauunternehmer. :-o Ich habe den Plan, und ich führe dich so, wie du bauen sollst. Aber ich kann dein Leben nicht für dich aufbauen. Als du für dein Leben noch selbst verantwortlich warst, da hast du versucht, zugleich der Architekt und der Bauunternehmer zu sein. Aber nun, da du mir die Kontrolle übergeben hast, ist es Zeit, dass du dich nach meinen Blaupausen an die Arbeit machst. Vielleicht sage ich dir, dass du Dinge wieder abreißen musst, die du nach deinen eigenen Plänen gebaut hast, oder ich fordere dich auf, dein ganzes Leben noch einmal ganz neu zu verkabeln; aber du musst mir vertrauen.
Wenn wir erst einmal die Dinge abgerissen haben, die nicht in Ordnung waren, ist es Zeit, dass wir uns meinem vollkommenen Plan zuwenden, um das aufzubauen, was schön, dauerhaft und stabil ist. Ich werde dir helfen und dich leiten, dass du einen Ziegel nach dem anderen setzt. :-)
Der Architekt eines wunderbaren Lebens,
>Gott

Vergib deinen Schuldnern

Vergib uns unsere Schuld, wie wir denen vergeben, die uns Unrecht getan haben.

Matthäus 6,12

Gerade habe ich wieder an dich gedacht!
>Wenn du dafür dankbar bist, dass ich dir deine Sünden vergebe, dann vergib doch bitte auch denen, die gegen dich gesündigt haben. Ich weiß, es ist so einfach, dieses Konzept formal zu verstehen, aber so schwierig, danach zu leben. Warum? Sobald dir jemand Unrecht tut, gibt es zwei Möglichkeiten: Du kannst entweder Vergeltung üben, oder du kannst auf diese Macht verzichten und deinem Schuldner vergeben. Und wenn ein Mensch an eine solche Machtposition gesetzt wird, ist er immer versucht, diese Macht auszuüben, anstatt auf sie zu verzichten und zu vergeben.
Ich möchte, dass du so vergibst, wie ich auch dir vergeben habe. Ich hatte die größtmögliche Macht, der Menschheit die Vergebung zu verweigern, nachdem sie gegen mich gesündigt hatte. Aber ich habe am Kreuz auf diese Macht verzichtet und gesagt: «Ich will vergeben.» Wenn du in der Versuchung stehst, nicht vergeben zu wollen, dann trage diese Unversöhnlichkeit ans Kreuz. Lege sie ab und vergib. :-)
Der, der dir vergeben hat,
>Gott

Wirklich frei sein

Jesus erwiderte ihnen: «Eins ist sicher: Jeder, der sündigt, ist ein Gefangener der Sünde ... Wenn euch also der Sohn Gottes befreit, dann seid ihr wirklich frei.»

Johannes 8,34 und 36

Hallo, Post für dich!
>Wenn ein Sträfling aus dem Gefängnis ausbricht, ist er nicht wirklich frei. Den Rest seines Lebens muss er eine falsche Identität annehmen, muss ständig über die Schulter sehen und versuchen, immer einen Schritt vor den Gesetzeshütern zu sein. Aber ein Gefangener, der begnadigt worden ist, kann aus dem Gefängnis herausspazieren und den Duft der Freiheit genießen. :-)
Viele Menschen glauben, dass sie aus eigener Kraft aus den Folgen der Sünde ausbrechen könnten. Sie sagen: «Ich bin ein freier Mensch. Wozu brauche ich die Vergebung Gottes?» Aber diese Art der Selbsterlösung wird zum inneren Wegrennen vor der Wahrheit und vor dem Gesetz. Anstatt seinen wahren Zustand anzuerkennen, nimmt ein solcher Mensch eine falsche Identität als freie Person an und verbringt sein Leben damit, vor mir davonzulaufen. >:-(Wahre Freiheit gibt es aber nur durch die Begnadigung von deiner Sünde durch Jesus Christus. Dann kannst du aus dem Gefängnis deiner Sünden herausspazieren und brauchst nicht mehr zurückzublicken.
Der, der dich begnadigt,
>Gott

Breite dich zum Wasser hin aus

Dagegen bringt der Heilige Geist in unserem Leben nur Gutes hervor: Liebe und Freude, Frieden und Geduld, Freundlichkeit, Güte und Treue, Besonnenheit und Selbstbeherrschung. Ist das bei euch so? Dann braucht ihr kein Gesetz zu fürchten.

Galater 5,22–23

Mein lieber Sohn!
>Ein Obstbaum will nicht absichtlich Früchte tragen. Er stellt keine Überlegungen an und bemüht sich dann mit aller Kraft, bis endlich Früchte an seinen Ästen hängen. Nein, die Frucht kommt heraus und reift heran, während ein Baum seine Wurzeln zum Wasser hin ausbreitet und seine Äste der Sonne entgegenstreckt. Genauso treten die geistlichen Früchte in deinem Leben nicht als Ergebnis deiner Bemühungen oder deiner eigenen Entscheidungen zutage. Du sagst nicht eines Tages zu dir selbst: «Okay, ich werde jetzt Freude haben», und strengst dich dann so lange an, bis du dich freust. ;-) Aber wenn du dich auf mich konzentrierst, deine Wurzeln zum lebendigen Wasser meiner Wahrheit hin ausbreitest und dein Leben meinem Sohn entgegenstreckst, dann wirst du zusehen können, wie die Früchte des Geistes ganz natürlich in dir zum Leben erweckt werden. Also, versuche nicht, aus eigener Kraft geistliche Frucht zu bringen. Entspanne dich, trinke ausgiebig von meiner Güte, bete mich an und schau zu, wie die Frucht hervorbricht.
Der die Früchte wachsen lässt,
>Gott

Verlasse «Sündenstadt»

Sofort eilte Lot zu den Verlobten seiner Töchter und rief ihnen zu: «Schnell, verschwindet aus dieser Stadt, denn der Herr wird sie vernichten!» Aber sie lachten ihn nur aus.

1. Mose 19,14

Schalom.
>Das Kino kreierte ein Klischee von einem christlichen Unheilspropheten mit Schaum vor dem Mund und einer apokalyptischen Botschaft auf einem Schild, das er um den Hals trägt. Diese karikierte Figur soll in den Filmen anscheinend komisch wirken.
>:-(Aber lass dich dadurch nicht davon abhalten, mir zuzuhören, wenn ich dir im echten Leben einmal sage: «Geh weg von diesem Ort; es wird sonst dein Tod sein.»
Mit solchen Dingen mache ich keine Witze. Die Sünde ist real, und ihre Auswirkungen auf dich sind genauso real. Ich würde niemals zulassen, dass du in deiner Sünde stirbst. Ich werde dich immer warnen und für einen Ausweg aus «Sündenstadt» sorgen. Wenn du diese Warnung aber nicht ernst nimmst, wenn du nicht bereust und auch nicht schnell reagierst, dann musst du echte (oder sogar tödliche) Konsequenzen erleiden. :,-(
Sünde ist nichts, worüber man lachen sollte. Wenn du meine Warnung hörst, dann bereue deine Verfehlungen und geh weg aus «Sündenstadt».
Ich sorge für einen Ausweg,
>Gott

Fromme Ambitionen

«Auf! Jetzt bauen wir uns eine Stadt mit einem Turm, dessen Spitze bis zum Himmel reicht!» schrien sie. «Dadurch werden wir überall berühmt. Wir werden nicht über die ganze Erde zerstreut, weil der Turm unser Mittelpunkt ist und uns zusammenhält!»

1. Mose 11,4

Sei gegrüßt!
>Ich habe dir Antrieb und die geistliche Ambition gegeben, meine Pläne für dein Leben zu verwirklichen. Ich habe dir die Rohmaterialien gegeben und dich mit den Fähigkeiten ausgestattet, damit du für mich auf der Erde ein mächtiges und erfüllendes Wirkungsfeld aufbauen kannst. Aber wenn du diese Fähigkeiten dazu ausnützt, einen Turm zu bauen, der so hoch ist, dass dich alle sehen und bewundern können, dann bist du auf dem Holzweg. :-(
Es ist kein Fehler, wenn man den Respekt anderer Menschen erringen möchte. Aber es sollte niemals dein Ziel sein, dass dein Name überall in großen Lettern prangt. Nein, das, was du baust, sollte auf meine Gegenwart in deinem Leben hinweisen. Versuche, jedes Projekt und jedes Ergebnis zu einer weiteren Gelegenheit zu machen, mich zu verherrlichen. Dann wirst du das wahre Ziel deiner gottgegebenen Ambitionen erreichen. :-)
Weise immer auf mich hin,
>Gott

Pack das Rettungsseil

Ich war in eine verzweifelte Lage geraten – wie jemand, der bis zum Hals in einer Grube voll Schlamm und Kot steckt! Aber er hat mich herausgezogen und auf festen Boden gestellt. Jetzt haben meine Füße wieder sicheren Halt.

Psalm 40,3

Friede sei mit dir!
>Wenn Christen sagen, sie seien gerettet worden, dann übertreiben sie keineswegs. Die Sünde ist wie eine Art höllische Kanu-Tour. Zuerst beginnt alles friedlich und einladend. Dann wird die Fahrt plötzlich schneller. Nach einer Weile bist du in den Stromschnellen gefangen, blind und taub für den riesigen Wasserfall am Ende, der dich auf den scharfen Felsen darunter zu schmettern droht. :,-(
Die Rettung kann eine Überzeugung sein, die ich dir im ruhigen Wasser gebe – indem ich dir sage, dass du dich auf Schwierigkeiten zubewegst. Oder sie kann der Hubschrauber sein, der dich gerade noch herausfischt, bevor du ins Verderben stürzt.
Wenn Menschen sagen, sie wurden «gerettet», dann ist genau das geschehen. Ohne Eingreifen von außen wird ein Mensch, der in den Stromschnellen der Sünde gefangen ist, unweigerlich den Abgrund hinunterstürzen. Ich habe Jesus als Rettungsseil geschickt für die, die auf ihre eigene Zerstörung zusteuern. Dank ihm musst du nicht über den Abgrund gespült werden. Du kannst herausgezogen und auf festen Boden gestellt werden!
Der, der dich rettet,
>Gott

Jagd auf die Wahrheit

«Geht doch einmal durch die Straßen von Jerusalem und schaut euch um! Sucht alle Plätze ab! Wenn ihr auch nur einen Einzigen findet, der sich an das Recht hält und auf den man sich verlassen kann, dann will ich ganz Jerusalem vergeben.»

Jeremia 5,1

Sei gegrüßt, mein Sohn!
>Nur ein erfahrener Jäger findet die Wahrheit, weil die Wahrheit oft ein wildes, schwer zu fangendes Tier sein kann. Ich will nicht, dass du wie die geistlichen Faulpelze bist, die sich damit zufrieden geben, es sich in einer Jagdhütte bequem zu machen und sich dann mit dem «erjagten» Glauben eines anderen füttern zu lassen. Ich möchte, dass du einer dieser urwüchsigen Kerle bist, die den brennenden Wunsch haben, der Wirklichkeit ins Auge zu blicken und sie zu Boden zu werfen.
Ich habe dir die geistige Fähigkeit und das übernatürliche Verständnis gegeben, die Wahrheit über die geistlichen Dinge zu erkennen. Mit meinem Wort und meinem Geist als deinen Führern wirst du in der Lage sein, Jagd auf die Wahrheit zu machen, sie niederzuzwingen, sie aufzunehmen und mit anderen zu teilen. Es wird immer ein paar Antworten geben, die noch davonkommen, aber gib die Jagd trotzdem nie auf. :-)
Der die Wahrhaftigen sucht,
>Gott

Ich stille den Sturm nicht immer

Ich war in Lebensgefahr, der Tod drohte mich zu verschlingen wie eine mächtige Woge. In äußerster Verzweiflung schrie ich zum Herrn. Ja, zu meinem Gott rief ich um Hilfe. Da hörte er mich in seinem Tempel ...

2. Samuel | 22,5 und 7

Schalom!
>Ich stille nicht jedes Mal die Stürme deines Lebens. Aber ich gebe dir immer eine Möglichkeit, dass du inmitten dieser Stürme Frieden haben kannst. Frieden zu haben hat nicht unbedingt mit dem zu tun, was draußen los ist. Friede ist die Gabe zu wissen, dass du mein bist und dass ich dich sicher durch jeden Sturm geleite. Wenn dein Beruf wie eine Flutwelle aus Stress zu sein scheint, die deinen Frieden überspülen will, dann kannst du nur so nass werden, wie du es zulässt. Wenn ein finanzieller Engpass dich zu Boden zu drücken droht, dann hast du die Option, dass ich deine Untiefen mit meiner unendlichen Fürsorge ausbaggern kann.
Du hast die Wahl, dich in mir zu stabilisieren. Wenn du erst einmal sicher bist, dass ich dich nicht im Stich lasse, dann wird jeder Sturm zu einer stärkenden Erfahrung und jede Herausforderung baut deinen Glauben weiter auf. Warte nicht immer darauf, dass der Sturm sich legt. Festige dich selbst durch Gebet, Bibellesen, Anbetung und die Gemeinschaft mit anderen. Dann wirst du meinen Frieden haben. :-)
Dein Friede im größten Sturm,
>Gott

Ich stehe vor der Tür

Merkst du es denn nicht? Noch stehe ich vor deiner Tür und klopfe an. Wer jetzt auf meine Stimme hört und mir die Tür öffnet, bei dem werde ich einkehren. Gemeinsam werden wir das Festmahl essen.

Offenbarung 3,20

Sei gegrüßt, mein Sohn!
>Ich stehe vor der Tür deines Herzens und klopfe an. Aber ob du die Tür öffnest oder nicht, hängt davon ab, wie du das Klopfen interpretierst. Wenn du mich als Vertreter des Gesetzes siehst, der nur darauf wartet, dich für deine Verfehlungen und Verbrechen bezahlen zu lassen, dann wirst du deine Tür fest verriegeln und dich drinnen verstecken. Wenn du mich für einen geistlichen Kopfgeldjäger hältst, der die Tür deines Herzens zertrümmern und dich ins Gefängnis bringen will, dann wirst du mir nie vertrauen. :,-(
Aber wenn du mich so siehst, wie ich bin, dann wirst du die Tür weit öffnen. Ich bin ein Freund, der ein unglaubliches Festmahl mitbringt, das wir gemeinsam verzehren können. Es ist das Festmahl der Vergebung, gekrönt mit dem Wein meiner Begnadigung. Als Gentleman respektiere ich deine Entscheidung. Aber ich werde lange nicht weggehen, weil ich den Wert dessen kenne, was ich dir mitbringe. Öffne mir die Tür deines Herzens. Bitte!
Ich warte vor der Tür,
>Gott

Nicht jeder Wunsch ist gut

Wenn ein Kind seinen Vater um ein Stück Brot bittet, wird er ihm dann einen Stein geben? Wenn es um einen Fisch bittet, wird er ihm etwa eine giftige Schlange anbieten?

Matthäus 7,9–10

Hallo, hier bin ich wieder!
>Ich bin nicht dein dienstbarer Geist, der sofort zur Stelle ist, wenn du die Lampe reibst. Ich bin nicht dafür da, jeden deiner Wünsche zu erfüllen. Ich habe dir versprochen, dass ich dir durch Jesus Christus alles gebe, was du brauchst – aber nicht alles, was du willst. Weil ich nur das Beste für dich wünsche, werde ich dir niemals alles geben, worum du mich bittest. Ein guter Vater würde seinem Kind niemals etwas geben, das ihm schadet. Genauso werde ich dir niemals eine Bitte erfüllen, von der ich weiß, dass sie dir nicht gut tun wird. :-o
Ich möchte, dass du in Übereinstimmung mit meinem Geist und meinem Willen betest, nicht nach deinen eigenen Wünschen. Bete nicht, dass ich helfen soll, dass dein Fußball-Club gewinnt. Bete lieber, dass alle aus der gegnerischen Mannschaft mich kennen lernen sollen. Bete nicht für eine neue Luxuskarosse. Bete vielmehr, dass du in der Lage bist, dich im Verkehr gelassen zu bewegen. Bete für Dinge, die wichtig sind, und ich werde dir mit Dingen antworten, die in deinem besten Interesse sind.
Der deine Gebete erhört,
>Gott

Lass das Wasser fließen

Hebt in diesem trockenen Tal überall Gruben aus. Es wird zwar kein Wind aufkommen, und es wird auch nicht regnen, aber trotzdem wird dieses Tal sich mit Wasser füllen. Dann könnt ihr alle genug trinken, auch eure Pferde und das Vieh.

2. Könige 3,16–17

Mein Friede sei mit dir!
>Ich habe ein riesiges Reservoir an wunderbarem, überwältigendem, heilendem Wasser, das ich in dein Leben ausgießen möchte. Aber du bist das Wasserrohr und der Hahn, durch den mein heiliges Wasser fließen muss, und du bestimmst die Geschwindigkeit und die Menge dieses Wassers. Du kannst wählen, ob du mich aus deinem Leben aussperren willst. Du bist frei. Aber wenn du das tust, dann wirst du nicht die Wohltat spüren können, wie mein reinigender Strom dich innerlich sauber macht und dann durch dich hindurch in das Leben der Menschen fließt, die um dich herum sind. :-o
Ich ermutige dich, den Hahn ganz aufzudrehen und dich ganz für meine heilige Gegenwart zu öffnen, damit sie in dir und durch dich hindurch fließen kann. Verschließ bitte nicht die Ventile deines Herzens. Stell das Wasser nicht ab. Sei eine meiner vielen Pipelines der Heilung und der Erlösung für die Welt.
Ich warte, dass ich Wasser losschicken kann,
>Gott

Wie willst du reagieren?

Dein Reich komme. Dein Wille geschehe wie im Himmel so auf Erden.

(Luther 1999) Matthäus 6,10

Gerade habe ich an dich gedacht!
>Manche Menschen kommen zu mir und fragen mich: «Was machst du da, Gott? Ich dachte, du würdest es anders machen.» Was sie damit wirklich sagen wollen, ist: «Ich könnte es viel besser als du, Gott.» Bei solchen Gebeten kommt noch weniger als nichts heraus. :,-(
Es gibt ein Gebet, das mir besser gefällt: «Oh Gott, wie kann ich in Einklang mit dem kommen, was du tust? Wie kann ich mit deinem Willen übereinstimmen?» Ich möchte, dass du die Freiheit genießt, wenn du meinen Plänen vertraust, anstatt gegen sie anzukämpfen. Mein Vorhaben, mein Reich auf die Erde zu bringen, erscheint dir vielleicht nicht immer sinnvoll. Aber du wirst dich entscheiden müssen, wie du darauf reagieren willst. Entweder kannst du herumstehen und meine Pläne in Frage stellen, oder du kannst mit mir zusammenarbeiten, damit wir sie gemeinsam verwirklichen. Entscheide dich, die unglaubliche Freude kennen zu lernen, die du erfährst, wenn du dich meinem Willen unterstellst und sagst: «Dein Reich komme, dein Wille geschehe.»
Ich bringe das Reich,
>Gott

Du bist meine Angelegenheit

Er hat die Zahl der Sterne festgelegt und jedem einen Namen gegeben. Wie groß ist unser Herr und wie gewaltig seine Macht! Unermesslich ist seine Weisheit.

Psalm 147,4–5

Sei gegrüßt!
>Ich bin kein viel beschäftigter Vater, der in sein Himmelsbüro davonbraust, wo er sich mit viel wichtigeren und bedeutenderen Dingen zu beschäftigen hat als mit dir. Oft denken die Leute: «Gott muss sich um das ganze Universum kümmern. Ich will ihn nicht noch mit etwas belästigen, das ich vielleicht selbst herausfinden oder erarbeiten kann.» Aber hör mir zu: Ich möchte nicht, dass du so denkst. Ich möchte in jeden Aspekt deines Lebens mit einbezogen werden. Ich sehne mich danach, dir bei jeder Entscheidung und beim Lösen jedes Problems meine Führung zu geben. Durch mich hast du Zugriff auf unendliche Weisheit. Lass uns zusammensitzen und gleich eine Vorstandssitzung über dein Leben abhalten. :-)
Du bist meine Angelegenheit. Du brauchst dich nie wieder allein mit einem Problem herumzuschlagen. Wende dich zu mir, und bitte um meine Führung. Du hast mein Ohr und meine Aufmerksamkeit. Immer.
Ich lasse dich nie allein,
>Gott

Führe die Parade an

Als die Menge in der «Stadt Davids» ankam, schaute Davids Frau Michal, die Tochter Sauls, aus dem Fenster. Sie sah, wie der König hüpfte und tanzte, und verachtete ihn dafür.

2. Samuel | 6,16

Hallo, mein Sohn!
>David war der am höchsten geschätzte Mann in ganz Israel. Er war ein Führer in der Schlacht und ein Held nach meinem Herzen. Er war der König von Israel, der die Bundeslade nach Israel zurückgebracht hat, die krönende Leistung seiner politischen Karriere. Aber er war nicht gerade der Typ Würdenträger von damals, der sich im formellen Anzug die Prozession ansah, um das Ereignis zu segnen. Nein, er zog sich so etwas wie einen Sportdress seiner Zeit an und führte die Parade an, tanzte vorneweg und sang Loblieder auf mich. Kannst du dir vorstellen, dass das der Staatschef deines Landes heutzutage machen würde? Mein Sohn, ich erhöhe meine Kinder nicht, damit sie nur herumsitzen und fromm tun. Ich hebe sie hoch, damit sie frei sind, mir die Ehre zu erweisen, und andere zu mir bringen. Tritt nicht in die Falle. Versuche nicht, dich «angemessen» zu verhalten. Wenn meine Parade in deine Stadt kommt, dann wünsche ich mir, dass du in der vordersten Reihe mitmischst und aus Leibeskräften tanzt. ;-)
Ich verdiene deine ganze Anbetung,
>Gott

Gemeinsame Zeit mit dir

Doch Jesus antwortete ihr: «Martha, Martha, du machst dir viel Sorgen und mühst dich um Dinge, die im Grunde nicht so wichtig sind. Wichtig ist nur eins! Das hat Maria verstanden, und davon werde ich sie nicht abbringen.»

Lukas 10,41–42

Schalom, mein Lieber!
>Wenn du jemanden wirklich liebst und ihn sehr lange nicht gesehen hast, würdest du dann wollen, dass er geschäftig herumwirbelt, putzt, bügelt und kocht? Oder hättest du lieber, dass er sich zu dir setzt, ihr gemeinsam eine Tasse Kaffee trinkt und euch in Ruhe unterhaltet? ;-)
Viel beschäftigte Christen werden oft als die frömmsten betrachtet. Oft sind sie auch die Erfolgreichsten in den Augen der Gemeinde und der Welt, und so werden sie hoch gelobt und andern als Vorbild empfohlen. Das ist schade, denn für mich zu arbeiten kann nie ein Ersatz sein für die Zeit, die man einfach nur mit mir verbringt. :-(Ich möchte intensive Zeit mit dir verbringen. Wenn du etwas in meinem Namen tun willst, dann sorge dafür, dass du das aus tiefer Freundschaft zu mir und in meinem Auftrag tust. Du brauchst nicht herumzuwirbeln und fromm zu agieren, nur um von mir angenommen zu werden. Ich habe dich bereits angenommen. Jetzt lass uns hinsetzen und Zeit miteinander verbringen.
Dein Freund,
>Gott

Genieße das Leben

Dann betrachtete Gott alles, was er geschaffen hatte, und es war sehr gut! Es wurde Abend und wieder Morgen: Der sechste Tag war vergangen.

1. Mose 1,31

Hallo, du hast Post!
>Ich habe das Leben geschaffen, damit du Freude daran haben sollst. Es ist keine notwendige Medizin, die du angeekelt hinunterschlucken sollst, während du mutlos auf deine Heimkehr in den Himmel wartest. Nein, dein Leben sollte wie ein kühles Glas Limonade an einem heißen Sommernachmittag sein, erfrischend und wohlschmeckend. ;-)
Ich möchte, dass du die Augen aufmachst für die wunderbaren Dinge, die ich geschaffen habe, und dass du sie intensiv erlebst. Freue dich an der Schönheit eines Sonnenuntergangs. Lege dich auf einen frisch gemähten Rasen und atme den Duft des Grases ein. :-) Freue dich an den Menschen, die ich in dein Leben gestellt habe. Wenn du anfängst, das Leben als wunderbares Geschenk zu betrachten, dann wirst du ganz in die Schönheit und Freude meiner Schöpfung eintauchen können und dich als kostbaren Teil davon erfahren.
Die größte Erfahrung überhaupt,
>Gott

Leicht wie eine Feder

Er bestraft uns nicht, wie wir es verdienen; unsere Sünden und Verfehlungen zahlt er uns nicht heim ... So fern, wie der Osten vom Westen liegt, so weit wirft Gott unsere Schuld von uns fort!

Psalm 103,10 und 12

Friede sei mit dir!
>Manchmal scheiterst du. Manchmal lässt du andere Menschen im Stich. Manchmal lässt du sogar *mich* im Stich. Aber ich werde dir immer vergeben, selbst wenn es die Menschen nicht tun. Und wenn du dich jetzt wegen einer Sache schuldig fühlst, die du vielleicht schon eine Weile mit dir herumgeschleppt hast, dann hör mir zu: Du brauchst keinen Augenblick länger an dieser Schuld festzuhalten. Es gibt eine Lösung.
Die Schuld, die du festhältst, scheint unendlich schwer zu sein. Aber wenn du sie in meine Hände gibst und mich um Vergebung bittest, dann wird diese Schuld so leicht wie eine Feder – und ich puste sie einfach weg. So weit weg, wie der Osten vom Westen entfernt ist. Komm jetzt zu mir. Bekenne deine Sünden und deine Schuld. Lege sie vertrauensvoll in meine Hände. Und dann sieh zu, wie diese Feder wegfliegt. :-)
Dein Vater über Ost und West hinaus,
>Gott

Beten ist Gespräch

Meine Schafe erkennen meine Stimme; ich kenne sie, und sie folgen meinem Ruf. Ihnen gebe ich das ewige Leben, und sie werden niemals umkommen. Niemand kann sie aus meiner Hand reißen.

Johannes 10,27–28

Hast du etwas Zeit für mich?

>Viele Leute meinen, dass Beten bedeutet, mit mir über Dinge zu reden, die ihnen auf dem Herzen liegen. Aber das ist nur die eine Hälfte dessen, was beim Beten geschieht. Das Gebet ist ein Gespräch zwischen zwei Personen. Ich möchte hören, was in deinem Leben so alles los ist, und ich möchte deine Wünsche hören. Durchaus. Aber es gibt auch eine Menge Dinge, die *ich* dir gerne sagen möchte. Ich möchte mit dir reden. Ich möchte dir sagen, wie sehr ich dich liebe. Ich möchte dir jeden Tag den Weg weisen, mit dir lachen und dir erzählen, was ich auf dem Herzen habe. :-)

Nimm dir jeden Tag etwas Zeit, um mit mir zu reden. Sei geduldig. Justiere dein Ohr auf meine Stimme, und warte darauf, dass ich mit dir rede. Sei nicht enttäuscht, wenn du mich nicht sofort hörst. Ich bin kein Fernseher, in dem sich alles schnell bewegt und jeder laut redet. Ich spreche mit leiser, freundlicher Stimme in dein Herz hinein. Lass uns anfangen, uns jeden Tag im Gebet miteinander zu unterhalten. Hörst du zu?

>Gott

Respektiere die Älteren

Begegnet alten Menschen mit Achtung und Respekt, und ehrt mich, den Herrn, euren Gott!

3. Mose 19,32

Mein Friede sei mit dir!
>Die Menschen in der heutigen Gesellschaft neigen nicht dazu, die älteren Menschen zu ehren. Nein, Jugend, Dynamik und Schönheit regieren die Fernsehprogramme, und ältere Menschen werden oft als Witzfiguren oder als für die Haupthandlung völlig unbedeutende Nebenfiguren dargestellt. :,-(
Mein Sohn, ich fordere alle meine Kinder auf, ältere Menschen zu ehren. Lass dir nicht das Märchen erzählen, dass Leute über fünfundsechzig nicht mehr angesagt seien. Genau das Gegenteil ist der Fall. ;-) Ihre Weisheit und ihr geistliches Verständnis sind von unschätzbarem Wert für die Gesellschaft und die Gemeinde. Ich habe es so eingerichtet, dass die, die vorher kamen, diejenigen führen sollen, die nachher kommen, und dass sich die jungen Leute bei den Älteren Rat holen sollen. Sei du ein Mann, der die älteren Menschen respektiert und Nutzen zieht aus ihrer Weisheit und ihren Erfahrungen und ihren Ratschlägen. Wenn du die Älteren ehrst, dann ehrst du dadurch mich.
Der große Ältere,
>Gott

Das Beste für zu Hause

Genieße das Leben mit der Frau, die du liebst, solange du dein vergängliches Leben führst, das Gott dir auf dieser Welt gegeben hat. Genieße jeden flüchtigen Tag, denn das ist der einzige Lohn für deine Mühen.

Prediger	9,9

Gerade habe ich wieder an dich gedacht!
>Wenn Männer älter werden, tauschen viele ihre Spontaneität und Kreativität gegen Pflichtgefühl und Verantwortung ein. Ich möchte nicht, dass auch du in diese Falle trittst. Wenn das Bedürfnis deiner Frau nach Liebe und Angenommensein bei dir den zweiten Platz einnimmt hinter der Forderung deines Chefs nach Produktivität, dann sind deine Prioritäten aus dem Gleichgewicht geraten. Wenn dein Wunsch, dein Handicap beim Golf zu verbessern, größer ist als dein Wunsch, Zeit zu investieren, um die Selbstachtung deiner Kinder aufzumöbeln, dann läuft etwas in die falsche Richtung. Wenn deine Arbeit, deine Kumpel und deine Hobbys das Beste von dir bekommen, dann kriegt deine Familie nur noch die kläglichen Reste. :-(
Ich habe aus dir einen wunderbaren Menschen gemacht, und ich möchte, dass deine Familie den größten Gewinn aus dir zieht. Ich möchte auch, dass du den größten Gewinn aus deiner Familie ziehst. Das funktioniert aber nur dann, wenn du deine Beziehung zu ihnen über deinen Lohnzettel stellst.
Der dein Bestes will,
>Gott

Stehe fest und kämpfe

Rüstet euch gut für diesen Kampf! Die Wahrheit Gottes ist euer Gürtel und seine Gerechtigkeit eure Rüstung. Verkündet überall, dass Gott Frieden mit uns geschlossen hat. Verteidigt euch mit dem Schild des Glaubens, an dem die Brandpfeile des Teufels wirkungslos abprallen.

Epheser 6,14–16

Mein lieber Sohn!
>Die Ausrüstung, die ich dir für den geistlichen Kampf gegeben habe, ist fast ausschließlich zur Verteidigung gedacht. Ich habe dir allerdings keinen «Rückenpanzer» gegeben, der dich schützen soll, wenn du auf dem Rückzug bist und vor der Schlacht davonläufst. Ich habe dir auch nicht den Fuchsbau eines geistlichen Verstecks gegeben. Ich habe dich aber ausgerüstet, damit du in deinem Glauben aktiv, nicht passiv sein sollst. Ich möchte, dass du die Wahrheit nah bei dir hältst und sie in Gerechtigkeit lebst. Ich möchte, dass du bereit bist, anderen die Wahrheit zu erzählen, und immer den Schutzschild des Glaubens hältst, damit du mir ganz vertrauen kannst, wenn ich dich in die Schlacht führe. :-)
Wenn du merkst, dass du in deinem Glauben langsamer wirst oder sogar rückwärts gehst, dann horche auf! Die geistliche Rüstung, die ich dir gegeben habe, hilft dir mehr, den Herausforderungen des Lebens ins Auge zu blicken, als vor ihnen davonzulaufen. Wenn du nur fest stehst und kämpfst, hast du allen Schutz, den du brauchst.
Der, der deine Rüstung schmiedet,
>Gott

Tritt von der Bühne ab

Wenn du aber jemandem hilfst, dann soll deine linke Hand nicht wissen, was deine rechte tut; niemand soll davon erfahren. Dein Vater, der alles sieht, wird dich dafür belohnen.

Matthäus 6,3–4

Eins beschäftigt mich:
>Es ist ganz bestimmt verlockend, sich gelegentlich mit in die Reihe der «christlichen Superstars» und der so genannten «Spitzenmänner» zu stellen. Ein christlicher Superstar macht es für alle deutlich sichtbar, wenn er etwas tut, wenn er jemandem dient, jemandem etwas gibt oder jemanden segnet. Aber der Begriff «christlicher Superstar» ist ein Widerspruch in sich. :-o Und «Spitzenmänner» kenn ich ganz einfach nicht.
In meinem Reich werden die Geringsten die Größten sein. Stolz und Demut können in einem Christen nicht nebeneinander existieren. Wenn du also eine gute Tat vollbringen willst, dann tue sie, weil ich dir zusehe und mich daran erfreue. Tue sie nicht, um in den Augen anderer Menschen als großer Hirsch dazustehen. Tritt von der Bühne der Superstars, der glanzvollen Glaubenshelden und «Spitzenmänner» ab und werde ein Darsteller, der am liebsten im Hintergrund wirkt, für einen einzigen Zuschauer – nämlich mich.
Der, der dein Herz kennt,
>Gott

Die Segnung der Zufriedenheit

Dabei ist in der Tat jeder reich, der an Gott glaubt und mit dem zufrieden ist, was er hat. Wenn wir zu essen haben und uns kleiden können, sollen wir zufrieden sein.

1. Timotheus 6,6 und 8

Schalom!
>Ich bin kein geistlicher Spielautomat, der Segnungen wie 2-Euro-Münzen ausspuckt, wenn du dein Leben gut auf die Reihe bekommst. Ich möchte nicht, dass du zu mir kommst, weil du einen finanziellen Vorteil für dein Leben haben willst. Ich möchte, dass du zu mir kommst, weil du eine Beziehung mit mir haben möchtest. Die Schätze meines Reiches, die auf meine gläubigen Kinder herabkommen, sind nicht unbedingt finanzieller Natur. Es sind die Schätze der Zufriedenheit. :-o Wenn du in einer engen Beziehung zu mir stehst, dann wirst du zufrieden sein, egal wie die Umstände sind. Ich will nicht, dass du herumsitzt und betest und dann auf den Tag wartest, an dem ich dich fürstlich segnen werde. Ich möchte, dass du mich preist für die Fürsorge, die ich dir bereits habe angedeihen lassen. Du sollst mich auch dann preisen, wenn ich für den Rest deines Lebens lediglich deine Grundbedürfnisse befriedige. Hör auf zu versuchen, aus deiner Beziehung zu mir (im wahrsten Sinne des Wortes) Kapital schlagen zu wollen. :-(Ein zufriedener Mann ist der reichste Mann von allen.
Suche mich um meinetwillen,
>Gott

Der Ruf der Tiefe

Wie groß ist doch Gott! Wie unendlich sein Reichtum, seine Weisheit, wie tief seine Gedanken. Wie unbegreiflich für uns seine Entscheidungen und seine Pläne!

Römer 11,33

Ich grüße dich!
>Wärest du ein begeisterter Hochsee-Segler, dann würde es dich nicht zufrieden stellen, wenn du auf einem Floß am flachen Ende irgendeines Hinterhofteiches dahindümpeln würdest. Dieses künstliche Miniatur-Szenario würde dein Bedürfnis nicht befriedigen, das fordert, draußen auf dem tiefen, endlosen, weiten Ozean zu sein. :-(
Genauso habe ich dein Herz dazu geschaffen, dass du die tiefen geistlichen Meere befährst. Die Tiefe meines Geistes fordert den tiefsten Teil deines Herzens. Wenn du dein Leben damit verbringst, in den Hinterhofteichen des seichten, weltlichen Denkens, des Konsums und der fleischlichen Genüsse zu dümpeln, nun ja, dann wirst du eben nie die Zufriedenheit erreichen, nach der du dich im Grunde deines Herzens so sehr sehnst. Wenn du wahre Erfüllung finden willst, dann musst du dem Ruf der Tiefe folgen. :-)
Tiefer als die Ozeane,
>Gott

Die Tiefen des Friedens

Betet aber in großer Zuversicht, und zweifelt nicht; denn wer zweifelt, gleicht den Wellen im Meer, die vom Sturm hin und her getrieben werden.

Jakobus 1,6

Hallo, hier bin ich wieder!
>Wenn ein Sturm über den Ozean fegt, dann berührt er nur die Oberfläche des Wassers. Die Tiere, die in der Tiefe leben, sind so gut geschützt, dass sie es überhaupt nicht merken, wenn oben gerade ein Sturm wütet. Weil du mich kennst, hast auch du Zugang zu diesem Frieden. Selbst wenn die Stürme an der Oberfläche deines Lebens tosen, sind die Tiefen meiner Liebe doch immer friedlich und ruhig. :-o Aber dein Friede hängt davon ab, wo du leben willst. Wenn du es gewohnt bist, dass dein Friede von den äußeren Umständen abhängt, dann wirst du immer von den wechselnden Gezeiten auf der Oberfläche des Lebens hin und her gestoßen werden. Wenn du aber mir vertraust und in meinem tiefen Frieden lebst, dann kann der Wind so stark blasen, wie er will, und es kann wie aus Eimern schütten – nichts wird die Tiefen deines Friedens erreichen. Entscheide dich heute, in die Tiefe zu gehen und in meinem Frieden zu leben.
Ich begegne dir in den Tiefen,
>Gott

Das Feuer der echten Liebe

Gott will, dass ihr ganz und gar ihm gehört. Deshalb soll niemand unzüchtig leben. Jeder soll mit seiner Ehefrau zusammenleben und rücksichtsvoll mit ihr umgehen. Ungezügelte Leidenschaft ist ein Kennzeichen der Menschen, die Gott nicht kennen.

1. Thessalonicher 4,3–5

Du hast Post!
>Lass dich von der Verkleidung der Begierde bitte nicht an der Nase herumführen. Begierde ist wie das Feuerzeug-Gas, das auf einem Stück Papier angezündet wird. Es brennt schnell und heftig, ohne aber dauerhafte Hitze zu entwickeln. Wenn es brennt, scheint es wie echter Brennstoff zu sein. Aber wenn es erlischt, ist es ganz offensichtlich, dass der Fall ganz anders liegt.
Glaub mir, echte Liebe ist eher wie ein zünftiges Holzfeuer. Es braucht Zeit, Geduld und harte Arbeit, bis es endlich brennt. Aber wenn es dann lodert, brennt seine intensive Glut ein Leben lang beständig und heiß, sofern man es immer gut nachfeuert. :-)
So ist die Liebe, die du in deinem Leben mit deiner Ehefrau erleben sollst. Falle nicht wie so viele Männer in die Falle des schnellen, leicht entzündbaren Feuers der vor- und außerehelichen Begierde. Nimm dir die Zeit, in deinem Leben echte Liebe zu entzünden und am Brennen zu halten, und du wirst niemals in der Kälte stehen. Ganz fest versprochen!
Der Schöpfer der lang brennenden Liebe,
>Gott

Regeln machen frei

Es ist ein Zeichen meiner Liebe, wenn ich deine Schuld aufdecke und dich mit Strenge erziehe. Nimm dir das zu Herzen und kehre um!

Offenbarung 3,19

Noch ein Gedanke für dich:
>Das politische System der Vereinigten Staaten von Amerika ist auf dem Prinzip der Freiheit aufgebaut. US-Bürger werden leicht unruhig, wenn ein neues Gesetz ihre persönliche Freiheit einzuschränken droht. Aber Freiheit bedeutet nicht, dass es keine Regeln oder Gesetze gäbe. Die Freiheit wird durch sie eigentlich erst möglich gemacht. Wenn die USA keine Verfassung und keine Regierung hätten, wäre das Land schon vor langer Zeit erobert worden. Wenn Geld keinen festgesetzten Wert hätte, könnte man nichts damit kaufen. Wenn es keine Gesetzeshüter gäbe, würdest du vor lauter Furcht nicht wagen, dein Haus zu verlassen.
Ich habe eine geistliche Nation aufgebaut, die viel größer ist als die Vereinigten Staaten. Sie basiert auf Regeln, die ich aufgestellt habe, um deine Sicherheit und Freiheit auszuweiten, nicht um deinen persönlichen Freiraum einzuschränken. Aber da du weißt, dass ich ein gerechter Gott und liebevoller Vater bin, kannst du aus den Gesetzen meines Reiches Trost schöpfen. :-)
Das Gesetz der Liebe,
>Gott

Die Fülle Gottes

... und Christus durch den Glauben in euch lebt. In seiner Liebe sollt ihr fest verwurzelt sein. Denn nur so könnt ihr mit allen anderen Christen das ganze Ausmaß dieser Liebe erfahren, die wir doch mit unserem Verstand niemals fassen können.

Epheser 3,17–19

Ich grüße dich!

>Du möchtest wissen, wie du ganz mit meiner Liebe erfüllt werden kannst? Nun ja, das ist nichts, was du in der Schule lernen könntest. Es ist auch nichts, das du in einem weit entfernten Land suchen müsstest. Es ist etwas, das in deinem Innern geschieht, wenn sich bei dir die gewaltige Erkenntnis einstellt, wie sehr ich dich liebe. :-) Dazu ist ein Wunder des Verstehens notwendig, denn das Ausmaß meiner Liebe ist weit umfangreicher, als Menschen es erfassen könnten.

Ich schicke eine übermenschliche Liebe in ein menschliches Gefäß. Dies ist keine an Bedingungen geknüpfte Liebe; es ist keine Liebe, die dir erst auf halbem Weg entgegenkommt. Es ist vielmehr eine alles verzehrende, alles miteinbeziehende Art von Liebe, die jeden Winkel deiner Seele erreicht. Und nur meine Liebe öffnet dir die Tür zu meiner Fülle.

Bete dafür, dass du meine Liebe ganz verstehst. Wenn du einmal dein Herz öffnest, um mehr zu bekommen, und deinen Geist, um über seine Grenzen hinauszugehen, dann bist du auf bestem Weg, mit meiner Fülle beschenkt zu werden.

Der Liebhaber deiner Seele,

>Gott

Mit dir in der Wüste

«Am Berg Horeb werde ich vor dir auf einem Felsen stehen. Schlag mit dem Stab an den Felsen! Dann wird Wasser aus dem Stein herausströmen, und das Volk kann trinken.» Vor den Augen der Sippenoberhäupter Israels tat Mose, was der Herr ihm befohlen hatte.

2. Mose 17,6

Schalom!
>Lange Zeit war das verheißene Land genau dies: eine Verheißung. Die Israeliten hatten viele Jahre als Gefangene in Ägypten gelebt, nur um danach für etliche weitere Jahre in eine glühende Wüste geführt zu werden. So habe ich auch dich aus deiner geistlichen Gefangenschaft herausgeführt. Aber manchmal findest auch du dich in einer geistlichen Wüste wieder.
Nun ja, manchmal führt der Weg ins verheißene Land eben durch die Wüste. Aber glaube mir: Selbst wenn ich dich nicht immer dorthin führe, wo alles leicht und einfach ist, kann ich dich doch auch in den Wüstenzeiten auf wunderbare Weise versorgen. :-o
Wenn du meinst, du seist im Moment in einer geistlichen Wüste, dann beklage dich nicht darüber, dass du nicht sofort im verheißenen Land abgesetzt worden bist. Rufe mich stattdessen an, und lass mich mein erfrischendes Wasser sogar an den trockensten Orten deines Lebens ausgießen. Ich bin bei dir, auch und gerade in der Wüste.
Das lebendige Wasser,
>Gott

Ein freies und spendables Herz

Damit habe ich euch zeigen wollen, wie man arbeiten muss, um den Armen zu helfen und das zu erfüllen, was unser Herr selbst gesagt hat: Geben macht glücklicher als Nehmen.

Apostelgeschichte 20,35

Hallo, wie geht es dir heute?
>Ich möchte, dass du das Gefühl der Freiheit erfährst, wenn du deinen Besitz und dein Geld für das Werk meines Reiches abgibst. Alles, was du hast, gehört mir ja sowieso schon, ob du das nun glaubst oder nicht. Aber wenn du mit der irrtümlichen Annahme lebst, dass du der Eigentümer aller Dinge seist, die ich dir in die Hand gegeben habe, dann wirst du ganz schnell ein Hamsterer werden. Du wirst nie zufrieden sein und immer mehr haben wollen. :,-(
Ich habe es so eingerichtet, dass das Geben ein Weg für dich ist, dein Hamstern zu überwinden. Glaubst du im Ernst, ich bräuchte dein Geld? Mir gehört doch schon alles. Ich möchte, dass du gibst, damit du gesegnet wirst. Ich rede hier auch nicht von der Einstellung: «Gib, damit du viel Geld bekommst.» Ich rede von dem Segen, den ein freies Herz hat, das nach Wegen sucht, andere zu segnen und so mein Reich aufzubauen. Geh umsichtig mit dem um, was ich dir gegeben habe, und verzichte zu meinen Gunsten auf dein Eigentumsrecht. Dann wirst du wirklich frei sein. :-)
Der Eigentümer aller Dinge,
>Gott

Bild oder Realität

Ihr dürft sicher sein: Ich bin immer und überall bei euch, bis an das Ende dieser Welt!

Matthäus 28,20

Mein lieber Sohn, eine Frage:
>Wenn du eine Zeit lang von zu Hause weg sein müsstest und du die Wahl hättest: Würdest du Fotos oder Videofilme von deinen Lieben mitnehmen, damit du dich stets daran erinnern könntest, wie sie aussehen – oder würdest du deine Lieben lieber gleich selbst mitnehmen?
Viele Menschen haben mich auf Millionen von Kunstwerken dargestellt, auf Buntglasfenstern, Kruzifixen, Statuen und anderen Gedenksteinen. Ich bin eine Erinnerung aus der Geschichte, die sie zurückgelassen haben, und eine weit entfernte Verheißung, an die sie sich kaum noch erinnern. Aber für die, die mich kennen, bin ich überall dabei, wo sie auch hingehen. :-)
Ich bin nicht einfach nur ein Bild oder ein Kunstdenkmal, das man sich ansehen kann, bis wir wieder zusammen sind. Ich bin hier und jetzt bei dir. Ganz nahe, ganz real. Gib dich bitte nicht mit Gedenksteinen zufrieden. Wähle die lebendige Beziehung.
Der allezeit Anwesende,
>Gott

Der geistliche Kampf

Denn wir kämpfen nicht gegen Menschen, sondern gegen Mächte und Gewalten des Bösen, die über diese gottlose Welt herrschen und im Unsichtbaren ihr unheilvolles Wesen treiben.

Epheser 6,12

Gerade musste ich wieder an dich denken!
>Du kämpfst einen geistlichen Kampf gegen die Mächte des Feindes, auch wenn du sie mit deinen Augen nicht sehen kannst. In diesem Kampf geht es um die Seelen von Männern und Frauen. Da ich entschieden habe, dass du ein starker Kämpfer für meine Sache sein sollst, möchte ich dir ein Geheimnis über geistliche Stärke im Kampf sagen. :-o
Die Waffen, die du benutzt, sind Waffen der Liebe, nicht das traditionelle Kriegsgerät. Der stärkste Mann auf dem Schlachtfeld ist der, der zugibt, dass er völlig kraftlos und ganz von mir abhängig ist. Wenn du im Gebet auf den Knien liegst, ist das deine mächtigste Position. Denn Demut ist Stärke, und Durchhaltevermögen ist Kraft.
Der Teufel wird dir leise und subtil erzählen, dass nur ein mächtiger Mann, der aus eigener Kraft stark ist, den Kampf gewinnen kann. Er weiß: Wenn du stolz und aufgeblasen bist, dann bist du das leichteste Ziel von allen. Bitte bleib schwach in dir selbst, aber stark in mir. Bleib demütig und vertrauensvoll – und bleib bereit für den langen Weg.
Dein General,
>Gott

Die Quelle des Lebens

Behüte dein Herz mit allem Fleiß, denn daraus quillt das Leben.

(Luther 1999) Sprüche 4,23

Hast du schon einmal darüber nachgedacht?
>Wenn du eine sprudelnde Quelle auf deinem Grundstück hättest, die so frisches Wasser hervorbringen würde, dass du davon trinken könntest, so würdest du auf die Reinheit der Quelle achten, denn sie würde allem in ihrer Umgebung Leben schenken. Du würdest nicht zulassen, dass irgendetwas Totes oder Verwesendes in ihre Nähe kommt. Denn das würde die Reinheit des Wassers beeinträchtigen.
Dein Herz ist eine Quelle des Lebens in dir. :-o Du solltest auf seine Reinheit achten. Denn was hier herausfließt, beeinflusst den Rest deines Lebens. Wenn du dir pornographische Bilder oder Gewalt verherrlichende Filme ansiehst oder dich der Gier und der Eifersucht hingibst, wirfst du tote, verwesende Tiere ins Wasser. Allmählich vergiften sie die Reinheit deines Herzens und zerstören alles um dich herum. Phantasie oder heimliche Kompromisse mögen harmlos erscheinen, aber wenn sie aus dir herauskommen, beeinflussen sie deine Umwelt. Also achte auf die Quelle deines Herzens, und sie wird rein sprudeln und allem um dich herum Leben spenden.
Das lebendige Wasser,
>Gott

Ein himmlischer Radiosender

Darum wies er ihn an: «Geh und leg dich wieder hin! Und wenn dich noch einmal jemand ruft, dann antworte: ‹Sprich, Herr, ich höre.›» Also ging Samuel wieder zu Bett.

1. Samuel 3,9

Hast du das schon gewusst?
>Es gibt eine Gottesfrequenz, auf die sich dein Herz einstellen kann. Vierundzwanzig Stunden täglich, sieben Tage pro Woche sende ich Botschaften an die Menschheit. Früher habe ich zu meinem Volk durch einige Propheten gesprochen, die ihren Sender genau auf meine Frequenz eingestellt hatten. :-o Weil sie mich hören konnten, sprachen sie für mich zu den Israeliten. Aber nun, da Jesus zu euch gekommen ist, hat jeder Mensch, der an ihn glaubt, die Fähigkeit, sich auf meine Frequenz einzustellen und meine Stimme zu hören. :-)
Du bist mein wunderbarer Sohn. Ich möchte, dass du mich hören kannst, wenn ich zu dir spreche. Beginne dich durch Gebet und stille Konzentration auf mich einzustimmen. Wenn du die Verbindung erst einmal hergestellt hast, dann wirst du die Worte des Lebens und die Musik des Himmels hören. Stell den Sender ein, auf dem du das volle Evangelium und rund um die Uhr «Good News» empfangen kannst.
Die Dauerbotschaft,
>Gott

Schalte das Licht ein

Dein Wort ist wie ein Licht in der Nacht, das meinen Weg erleuchtet. Was du in deinem Wort festgelegt hast, das will ich tun, gerechter Gott!

Psalm 119,105–106

Mein Friede sei mit dir!
>Würdest du je im Dunkeln Auto fahren, ohne die Scheinwerfer einzuschalten? Natürlich nicht. Und wenn du es doch tun würdest, dann würdest du bewusst einen Unfall riskieren.
Das Leben kann manchmal verwirrend und dunkel werden. Es ist dann nicht mehr möglich, sich ohne eine Lichtquelle zurechtzufinden, die den Weg erleuchtet. Die Bibel ist ein Navigationslicht für die Reise durch die dunklen Herausforderungen des Lebens. :-o Genauso, wie du nicht lange darüber diskutierst, ob du das Licht einschaltest, wenn es dunkel wird, so möchte ich, dass du zu meinem Wort greifst, weil du instinktiv weißt, dass es deinen Weg durch die Schattenwelten und Niederungen deiner Existenz erleuchten wird. Schlage jeden Tag die Bibel auf, bitte mich um Führung und lies, was ich dir zu sagen habe. Wie durch ein Wunder wirst du allmählich das Leben deutlicher sehen können als je zuvor.
Bevor du in die Dunkelheit der Welt hinausgehst, schalte das Licht meines Wortes ein.
Der, der deinen Weg erhellt, :-)
>Gott

Packe das wahre Geschenk aus

Denn nur durch seine unverdiente Güte seid ihr vom Tod errettet worden. Ihr habt sie erfahren, weil ihr an Jesus Christus glaubt. Aber selbst dieser Glaube ist ein Geschenk Gottes.

Epheser 2,8

Ich wollte dir noch was schreiben:
>Vielleicht kannst du dich noch an den einen oder anderen Weihnachtsabend aus deiner Kindheit erinnern, als all die tollen Geschenke und das Geschenkpapier dich doch irgendwie unbefriedigt ließen. Diese bleibende Leere ließ dich spüren, dass es im Leben mehr geben muss als nur deinen Wunschzettel.
Mit seinem Geburtstag habe ich dir Jesus zum Geschenk gemacht. Das Geschenk war in Windeln eingewickelt, nicht in buntem Papier. Jesus kam vollständig zusammengebaut und brauchte keine Batterien, um zu laufen. ;-) Er ist das einzige Geschenk, das wahre und dauerhafte Zufriedenheit bringt. Wenn du ihn in deinem Herzen erst einmal ausgepackt hast, dann hast du es geschafft. Nimm mein Geschenk an. Dein Wunschzettel wird auf wunderbare Weise erfüllt, und deine Bedürfnisse werden wirklich befriedigt. :-)
Das Geschenk und der Geber,
>Gott

Was ist mit deinem Holzvorrat?

Schließlich, meine lieben Brüder, orientiert euch an dem, was wahrhaftig, gut und gerecht, was anständig, liebenswert und schön ist. Wo immer ihr etwas Gutes entdeckt, das Lob verdient, darüber denkt nach.

Philipper 4,8

Schalom!
>Es ist schon von Bedeutung, was du in dein Gedächtnis und deinen Geist hineinlässt. Du baust ein geistliches Haus mit den Rohmaterialien, die du auf deinen Holzvorrat stapelst. Wenn du ständig nur verrottete, von Termiten zerfressene Balken nimmst, dann wird das Haus, das du baust, zusammenfallen. :-(Wenn du Zorn, Ungeduld, Unreinheit und Verleumdung auf deinen geistlichen Holzstoß stapelst, dann wird eine bauliche Katastrophe herauskommen. Aber wenn du Frieden, Liebe und Frömmigkeit aufeinander legst, werden die Holzbalken, nach denen du greifst, immer stark und sicher sein. Mein Sohn, ich möchte, dass du eine stabile Glaubensfestung baust. Wenn du dich fragst, warum dein geistliches Haus in schlechtem Zustand ist, dann sieh dir den Holzstoß an, von dem du das Baumaterial genommen hast. Ruf mich an. Gemeinsam können wir das unbrauchbare Material aussortieren, wegwerfen und mit dem Bau neu beginnen. Und dazu nehmen wir nur die Teile, aus denen man ein schönes, solides Haus baut. :-)
Der große Zimmermann,
>Gott

Du bist absolut einzigartig

Schon als ich im Verborgenen Gestalt annahm, unsichtbar noch, kunstvoll gebildet im Leib meiner Mutter, da war ich dir dennoch nicht verborgen.

Psalm 139,15

Mein Friede sei mit dir!
>Nachdem ich dich geschaffen hatte, habe ich die Form zerbrochen. Die Baupläne für dich habe ich auch verbrannt. Auf der Erde gibt es also keine andere Person, die dir vollkommen gleicht. (Selbst wenn du einen eineiigen Zwillingsbruder hast, unterscheidet ihr euch!) Du bist eine einzigartige Schöpfung, wunderbar und einmalig in meinen Augen. :-)
Freue dich an deiner Einzigartigkeit. Versuche nicht, andere Menschen zu imitieren, und werde niemals verlegen über etwas, das ich in dir geschaffen habe. Beginne stattdessen, dich so anzunehmen und lieb zu haben, wie du bist. Beginne, nach meinem besonderen Plan für deine Existenz zu leben. Wenn du erst einmal angefangen hast, diesem Plan zu folgen, dann wirst du gewisse Dinge über deine Person verstehen, die dir zuvor ein großes Rätsel waren. Deine Fehler werden dir zum Segen, und deine Gaben werden ein Werkzeug in meiner Hand. Freue dich an der Art, wie du geschaffen bist. Du bist mein vollkommenes Geschöpf.
Du bist der Ton, ich bin der Töpfer,
>Gott

Du hast mich nicht erdacht

«In meiner Macht steht alles, von A bis Z. Ich bin der Anfang, und ich bin das Ziel», spricht Gott, der Herr. Er ist immer da, von allem Anfang an, und er wird kommen: der Herr über alles!

Offenbarung | 1,8

Mein lieber Sohn!
>Nein, du hast mich nicht erdacht. Und die Kirchenväter haben mich auch nicht erfunden. Ich war unendliche Zeiten vor der Menschheit hier, und ich werde mit allen Engeln und Heiligen noch für unendliche Zeiten hier sein. Jahrhundertelang habe ich mich den Menschen auf der gesamten Erde in verschiedenster Weise gezeigt. Manchmal haben sie mich verstanden. Zu anderen Zeiten haben sie das, was sie gesehen haben, falsch gedeutet. Manchmal wollten sie auch einfach in eine andere Richtung blicken. >:-(Schade. Aber meine Existenz hängt nicht davon ab, ob die Menschen an mich glauben oder nicht. Direkt neben dir könnte jemand stehen, die Augen geschlossen und die Finger in die Ohren gesteckt, der sagt: «Du existierst nicht. Du existierst nicht.» Aber das würde die Tatsache nicht aus dem Weg räumen, dass du genau da stehst, sehr real und sehr präsent. Ich bin ebenso ein reales Wesen. Du kannst mich erkennen, so wie du deinen besten Freund erkennst. Mach die Augen, die Ohren und das Herz weit auf und erkenne mich.
Ich bin real, und ich bin hier,
>Gott

Fühlen und tun

So spricht der Herr, der heilige Gott Israels: «Kehrt doch um zu mir, und werdet ruhig, dann werdet ihr gerettet! Vertraut mir, und habt Geduld, dann seid ihr stark!»

Jesaja 30,15

Ich unterhalte mich gern mit dir!
>Manche Leute haben die falsche Vorstellung, dass Reue bedeutet, man müsse sich angesichts seiner Sünden furchtbar schlecht fühlen. Aber Reue bedeutet nicht, dass man etwas *fühlt*, sondern dass man etwas *tut*. Bereuen heißt umkehren, die Richtung ändern und das Leben von einer anderen Richtung her neu angehen.
Nimm einmal an, du wärst in die Humboldtstraße gegangen anstatt in die Lessingstraße. Würde es dir helfen, wenn du dich wegen deines Fehlers schlecht fühltest? Nein. Solange du nicht umkehrst und eine andere Richtung einschlägst, wirst du dein Ziel nie erreichen. Wenn du also gesündigt hast, dann komm zu mir und bekenne deine Sünden. Ich werde dir gerne vergeben. Und dann mach den wichtigen Schritt und kehre mit deinem ganzen Leben um. Ich werde dich gern von neuem zu deinem heiligen Ziel führen und leiten. :-)
Dein dich liebender Vater,
>Gott

Der volle Eintrittspreis

Denn ich habe den Befreier gesehen. Er ist das Licht für alle Völker, und er wird der Ruhm für dein Volk Israel sein.

Lukas 2,30–32

Ich grüße dich!
>Hast du schon einmal das Leben bekannter Christen angesehen und gedacht, ihr Glaube würde sich in einer völlig anderen Liga abspielen als deiner? «Sie sind die großen Gläubigen», denkst du. «Ich bin nur ein Schmalspur-Christ.» Aber hör mir gut zu: Ich stecke meine Heiligen nicht in unterschiedliche Schubladen. Ich habe für deine Erlösung denselben Preis bezahlt wie für den berühmtesten christlichen Redner oder Theologen oder Missionar der Welt. Ich habe allen den vollen Eintrittspreis für mein Reich aus eigener Tasche bezahlt – das sündlose Leben meines Sohnes Jesus Christus.
Hör also auf damit, dich mit anderen zu vergleichen. Lass mich dir zeigen, wer du in Christus bist. Lass mich dir deine eigene Erlösung zeigen. Lass mich dir vermitteln, wie ich deine Gaben einsetzen möchte. Dein Glaube an Jesus ist das, was dich in meine Familie gebracht hat. Du bist kostbar für mich! :-)
Der Vater aller Schmalspur-Christen,
>Gott

Keine Zeitverschwendung

Ich setze meine ganze Hoffnung auf den Herrn; voller Sehnsucht warte ich darauf, dass er zu mir spricht.

Psalm 130,5

Hast du ein wenig Zeit?
>Viele Leute setzen Warten mit Zeitverschwendung gleich. Sie betrachten Zeiten des Nichtstuns als vergeudete Zeit. :-(Aber ich betrachte das Warten als den Boden des Glaubens, in dem dein Geist sicher und stark werden kann.
Was lernst du, wenn du bereit bist zu warten? Du wirst lernen, dass du nicht auf alles eine Antwort hast. Und mit der Zeit wirst du feststellen, dass *ich* sehr wohl auf alles eine Antwort habe. Du wirst lernen, dass das Tun, wenn es das falsche Tun ist, mehr Schaden anrichten kann als das Nichtstun. Du wirst lernen, dass der Glaube ein Tanz ist – ein Tanz, bei dem ich führen muss. Du wirst lernen, meinem Charakter zu vertrauen, während du auf meine Führung wartest. Und du wirst lernen, dich auf meine Liebe zu verlassen, auch wenn du mal nichts von mir hörst. Also, konzentriere deinen Geist auf mich und hoffe auf mein Wort, während du wartest.
Es lohnt sich, Geduld zu haben. :-)
>Gott

Ich lese in deinem Herzen

Der Herr hat euch doch längst gesagt, was gut ist! Er fordert von euch nur eines: Haltet euch an das Recht, begegnet anderen mit Güte, und lebt in Ehrfurcht vor eurem Gott!

Micha 6,8

Mein Friede sei mit dir!
>Ich habe dich geschaffen, damit du in der Welt etwas veränderst und einen Unterschied machst. Heißt das, ich erwarte von dir, dass du dich zum Präsidenten wählen lassen, einem großen Konzern vorstehen oder eine riesige missionarische Anstrengung vollbringen müsstest? Solche Dinge sind sicherlich möglich, aber du musst bestimmt nichts so genannt «Großes» erreichen, um mir eine Freude zu machen. ;-) Ich möchte, dass du dein Leben aufrichtig und ehrlich lebst, ohne viel Tamtam. Respektiere andere Menschen und behandle sie fair. Sei barmherzig und einfach freundlich, so wie Jesus es war. Geh unbeirrbar mit mir, einen Tag nach dem anderen. Die Mächtigen und Einflussreichen deiner Gesellschaft mögen vielleicht politische und finanzielle Macht an sich reißen, aber das beeindruckt mich nicht. Ich lese in deinem Herzen, nicht in deinen Kontoauszügen. Es sind die Taten unscheinbarer Demut, die in meinem Reich Interesse verdienen.
Der, dessen Wille vollkommen ist,
>Gott

Sprich frei heraus

«Aber ihr werdet den Heiligen Geist empfangen und durch seine Kraft meine Zeugen sein in Jerusalem und Judäa, in Samarien und auf der ganzen Erde.»

Apostelgeschichte 1,8

Sei gegrüßt, mein Sohn!
>Bist du schüchtern und ein wenig zurückhaltend, wenn du über deinen Glauben sprichst? Das überrascht mich nicht. Wenn der Glaube echt ist, dann führt das Reden darüber manchmal zu ziemlich starken Gefühlen. Man will ja auch nichts falsch machen, stimmt's? Aber ich sage dir: Schäme dich niemals deiner Gefühle.
Bete einfach, bevor du redest, und lass meinen Heiligen Geist ans Werk. Er gibt dir seine Kraft und seine Klarheit. Er hilft dir, mit solch einfacher, ehrlicher Offenheit zu reden, dass viele Zuhörer von deinen Worten bewegt sein werden. Diese Leute werden in deinem Leben etwas entdecken, das sie für ihr eigenes Leben auch gerne hätten: Liebe, Freude, Beständigkeit, Frieden, Sicherheit, Gewissheit. Und natürlich: festen Boden. Also mach dir keine Gedanken, ob du die richtigen Worte findest.
Vertraue meinem Geist, und sprich frei heraus. :-)
Dein «Talkmaster»,
>Gott

Was drängt dich?

Denn die Liebe Christi drängt uns ... Denn Gott war in Christus und versöhnte die Welt mit sich selber und rechnete ihnen ihre Sünden nicht zu ...

(Luther 1999) 2. Korinther 5,14 und 19

Mein lieber Sohn!
>Was drängt dich, morgens aufzustehen? Was bringt dich dazu, deine Arbeit zu erledigen? Versuchst du immer noch, es deinen Eltern recht zu machen, die von dir erwarten, dass du in allem und überall überdurchschnittlich und einfach Spitze bist? Versuchst du, in allem, was du tust, die Anerkennung deiner Umwelt zu bekommen? Versuchst du, der Superpapa zu sein, der alles schafft – ein Papa, der vollkommene Kinder aufzieht, die ideale Ehe führt und bei der Arbeit jeden aussticht? Wenn das so ist, dann ist es kein Wunder, dass du jeden Abend völlig erschöpft in dein Bett fällst.
Jetzt fang noch einmal ganz von vorne an, mein Sohn, und analysiere deine Beweggründe. Warum reißt du dir denn für all das ein Bein aus? Bitte Jesus, dass *er* das Motiv hinter allem ist, was du tust. Dann wirst du merken, wie deine Müdigkeit bald von dir weicht. Hör auf seine Worte: «Kommt zu mir ... Ich werde euch Frieden geben.» :-)
Die Liebe, die dich drängt,
>Gott

Nah oder fern?

Christus ist gekommen und hat seine Friedensbotschaft allen gebracht, die fern von Gott lebten, und allen, die nahe bei ihm waren. Durch Christus dürfen jetzt alle, Juden wie Heiden, vereint in *einem* Geist, zu Gott, dem Vater, kommen.

Epheser 2,17–18

Wie geht es dir heute?
>Weißt du, Jesus ist der Erlöser für alle Menschen. Als er auf die Erde kam, um meine Friedensbotschaft zu bringen, da galt sie nicht nur den Superfrommen. (Die Superfrommen enttäuschten ihn sogar am meisten. :-(Er hat durch ihr frommes Getue hindurch immer ihren verborgenen Stolz bemerkt.) Jesus kam für jeden Einzelnen. Er brachte die Gute Nachricht: nämlich dass jeder eine intakte Beziehung mit mir haben kann.
Bist du mir heute nahe? Weißt du, dass du mein Kind bist? Oder bist du weit weg von mir? Fühlst du dich in meiner Gegenwart unwohl oder sogar unwürdig? Die Wahrheit ist: Wäre Jesus nicht gewesen, könnte gar niemand voller Zuversicht zu mir kommen. Niemand! Aber seinetwegen ist es für jeden möglich. Darum komm heute zu mir, egal wo du innerlich stehst – ob nahe oder fern.
Der, der auf dich wartet,
>Gott

Drahtseil und Rettungsnetz

Denn du hast mir immer geholfen; ich preise dich, unter deinem Schutz bin ich sicher und geborgen. Ich klammere mich an dich, und du hältst mich mit deiner starken Hand.

Psalm 63,8–9

Hallo, ich bin's mal wieder!
>Scheint es dir manchmal, als ob du auf einem Drahtseil der Angst über ein Meer von schlechten Nachrichten balancierst? Die täglichen Schlagzeilen vom Hunger in der Welt, von Rassenunruhen, Drogen, Gewalt, Wetter-Kapriolen, globalen Konflikten und einer schlechten Wirtschaftslage verursachen bei dir wackelige Knie. :-(
Ich möchte, dass du lernst, trotzdem voller Zuversicht durch die Welt zu gehen. Ich möchte, dass du weißt, dass meine Arme das Rettungsnetz unter allen Unsicherheiten des Lebens sind. In welcher Situation die Welt auch ist, du kannst auf meinen Schutz vertrauen und dich an meinem Frieden festhalten. Wenn du mit mir gehst, mir vertraust und mir gehorchst, dann kannst du nicht tiefer fallen als in meine starken Arme. Wenn also die Schlagzeilen wieder schlechte Nachrichten bringen, dann konzentriere dich auf diese klitzekleine gute Nachricht: Ich bin bei dir. Und zwar auf Dauer. ;-)
Dein Sicherheitsnetz,
>Gott

Meine einzigartige Perspektive

Halte dich nicht selbst für klug; gehorche Gott und meide das Böse! Das heilt und belebt deinen ganzen Körper, du fühlst dich wohl und gesund.

Sprüche 3,7–8

Ich muss dich mal was fragen:
>Verfolgst du deinen eigenen persönlichen Lebensplan? Hast du Dinge gesagt wie: «In dem Alter werde ich heiraten. Zu der Zeit werde ich Kinder haben. Dann konzentriere ich mich auf meine Karriere» und so weiter? Okay, dein Aktionsplan mag sich ja sehr vernünftig anhören, so wie du die Dinge siehst. Aber das ist wie mit dem alten Sprichwort: «Man sieht den Wald vor lauter Bäumen nicht.» Du bist viel zu nahe an deinem eigenen Leben dran, als dass du die für dich notwendige Perspektive und Gesamtschau haben könntest.
Ich bin über und unter dir, neben dir und in dir, und das eröffnet mir eine einzigartige Perspektive. Noch viel schwerer wiegt, dass ich dich geschaffen habe. Ich weiß also ganz genau, was für dich das Beste ist. Darum mach dich nicht mit deinen eigenen Plänen auf den Weg. Vertraue mir, dass ich dir meine Pläne zeige. Und dann folge ihnen.
Ich weiß, was das Beste für dich ist,
>Gott

Lass dich ertappen ;-)

Bewahrt die Worte im Herzen, die ich euch heute sage! Prägt sie euren Kindern ein! Redet immer und überall davon, ob ihr zu Hause oder unterwegs seid, ob ihr euch schlafen legt oder aufsteht.

5. Mose 6,6–7

Mein lieber Sohn!
>Was lernen deine Kinder heute, das für sie auch als Erwachsene noch von Bedeutung sein wird? Woran werden sie sich nach den Jahren ihrer Erziehung noch festhalten können? Ich hoffe, dass sie sich an Zeiten der Liebe und des Lachens erinnern, an gesegnete und vielleicht auch schwierige (aber in Würde bestandene) Zeiten, an Gutenacht-Gebete, an gemeinsame Mahlzeiten und Familienfeiern.
Aber dabei wünsche ich mir, dass ihre stärkste Erinnerung der Glaube ist, den sie in dir gesehen haben: deine Gebete für sie, deine Worte der Ermutigung, deine liebevolle Hingabe zu mir. Mögen sie etwas so Reales und Lebendiges in dir sehen, dass es sie zu mir hinzieht! Lass dich jeden Tag von ihnen dabei ertappen, wie du mich liebst. Nichts auf dieser Welt wird von größerer Bedeutung sein, als wenn es zur Entwicklung ihres eigenen Glaubens kommt. :-)
Deshalb segne sie und liebe sie.
Dein Vater und Freund,
>Gott

Die Ernte einbringen

Glaubt nur nicht, ihr könntet Gott irgendetwas vormachen! Ihr werdet ... ernten, was ihr gesät habt. Wer nicht Gott, sondern sich selbst vertraut, den erwartet das ewige Verderben. Wer sich aber durch den Geist Gottes führen lässt, dem wird Gott das ewige Leben schenken.

Galater 6,7–8

Etwas zum Nachdenken:
>Du musst nicht auf einem Bauernhof aufgewachsen sein, um zu wissen, dass man keine Rüben pflanzen darf, wenn man Mais ernten will. Was man in den Boden setzt, wird auch daraus wachsen. So funktioniert das. :-) Eine simple Wahrheit, nicht? Nun, genau dasselbe Prinzip gibt es auch im geistlichen Bereich. Wenn du Unehrlichkeit, Eifersucht, Gier, Neid und Geschwätzigkeit pflanzt, dann wird die Frucht, die du heranziehst, nicht nur dir Schaden und Zerstörung bringen, sondern auch all deinen Lieben. Aber wenn du dich ganz gezielt daranmachst und Liebe, Treue, Freundlichkeit, Ermutigung und Gnade säst, tja – dann wird dich die Ernte deines Lebens überraschen. Du wirst ein reiches Leben ernten, das ewig dauert. Das kannst du mir glauben!
Der, der's gut mit dir meint,
>Gott

Es ist wie ein Schulausflug

Ich bin der Herr, euer Gott. Ich lehre euch, was gut für euch ist, und zeige euch den Weg, den ihr gehen sollt.

Jesaja 48,17

Hallo, wie geht es dir heute?

>Als du in der Schule warst, hattest du da auch einen Lieblingslehrer? War es der, der derart monoton aus dem Schulbuch vorlas, dass du dich beim besten Willen kaum noch wach halten konntest? Oder war es der Lehrer, der seine Stunden interessant und aufregend gestaltete, indem er Bezüge zum wirklichen Leben herstellte? Ich nehme an, es war der zweite ... ;-)

Die Reise eines Christen ist keine langweilige Unterrichtsstunde. Man braucht sich dabei nicht hinter dem Pult zu verstecken. Ich bin der Lehrer, der dich mitten in die wirklichen Abenteuer des Lebens hineinnimmt. An jeder Kreuzung weiß ich, wohin du jetzt abbiegen musst. Und an jedem Punkt der Unentschlossenheit weiß ich, wie du dich entscheiden solltest. Fang an, und betrachte jeden neuen Tag mit mir als eine Art Schulausflug, bei dem ich dir immer wieder etwas Neues zeige, während wir gemeinsam unterwegs sind. :-)

Dein kompetentester Lehrer,

>Gott

Ein geistlich empfindsames Wesen

Auf unnütze und schädliche Vorhaben lasse ich mich niemals ein. Ich hasse es, wenn sich Menschen bewusst über Gottes Gebote hinwegsetzen. Mir selbst soll das niemand nachsagen!

Psalm 101,3

Ich grüße dich!
>Bist du schon einmal durch einen Schweinestall gelaufen? Wenn ja, dann wirst du das sicher niemals vergessen. Der Geruch der Tiere hängt noch an dir, wenn du schon lange wieder draußen bist. Genauso ist es mit abartigen und perversen Beschreibungen in Büchern und geschmacklosen Szenen in Filmen oder im Fernsehen. Du denkst vielleicht, du kannst einfach das Buch schließen oder den Fernseher ausschalten und das, was du gelesen, gehört oder gesehen hast, einfach abblocken. Leider geht das nicht. Solche Szenen und Darstellungen bleiben an deinem Geist hängen wie der Dreck von einem Bauernhof an deinen Schuhen. :-(
Von Natur aus bist du ein geistlich empfindsames Wesen. So habe ich dich geschaffen. Aber ich habe dich so gemacht, damit du meine Güte aufsaugen kannst – und nicht den Schmutz der Welt. Bitte sei vorsichtig mit dem, was du dir ansiehst und anhörst.
Der Heilige,
>Gott

Jetzt bist du dran mit Surfen!

Welchen Wert hat es, wenn jemand behauptet, an Christus zu glauben, aber an seinen Taten ist das nicht zu erkennen! Kann ihn ein solcher Glaube vor Gottes Urteil retten?

Jakobus 2,14

Mein Licht sei mit dir!
>Stell dir vor, jemand gibt dir ein Spitzen-Surfbrett und ein Handbuch über das Surfen. Am ersten Tag liest du alles über das Brett und über die Art und Weise, wie es gebaut ist. Am zweiten Tag liest du über die Techniken des Surfens. Am dritten Tag liest du über die Sicherheit beim Surfen und die Geschichte des Surfens in Amerika. Monatelang liest du intensiv das Handbuch. Stundenlang sitzt du am Strand und beobachtest andere Leute auf ihren Surfbrettern. Aber wenn du dich selbst und dein Brett nie ins Wasser bringst und die Aufregung des Wellenreitens nie spürst, wozu soll das alles dann gut sein? Dann könntest du doch genauso gut auf all das verzichten.
Genauso ist es mit deinem Glauben. Du kannst alles über mich lesen. Du kannst alles glauben. Aber wenn du deinen Glauben niemals in Aktion versetzt, wozu soll er uns beiden dann nützen? Was soll das dann?
Also los, jetzt bist du dran mit Surfen! :-)
Der Herr des Glaubens, aber auch der Taten,
>Gott

Höre mit deinem ganzen Leben

Denn die ganze Heilige Schrift ist von Gottes Geist eingegeben. Sie lehrt uns, die Wahrheit zu erkennen, unsere Schuld einzusehen, uns von Grund auf zu ändern und so zu leben, dass wir vor Gott bestehen können.

2. Timotheus 3,16

Mein Friede sei mit dir!
>Mein Wort ist mehr als Papier und Druckerschwärze, mehr als Wörter und Sätze. Mein Wort ist mein Wesen, meine Weisheit, meine Führung, meine Liebe – in Buch- und Briefform aufbereitet. Es ist Gesundheit und Leben, Wahrheit und Heilung. Ja, es ist die Quintessenz meiner Person!
Halte dir mein Wort vor Augen. Lass es die Räume deines Herzens durchwandern – lass es reinigen, geradebiegen, neu gewichten, neu anordnen. Lass es die Türen zu einigen Dingen schließen und gewisse Fenster für andere Dinge öffnen. Mein Wort kann für dein Herz ein Begleiter, ein Herd und ein Haushälter sein, ein Gärtner, der deine Gedanken jätet, und ein Wächter gegen Eindringlinge. :-o Und wenn du heute mein Wort öffnest, dann lies es mit deinen Augen, aber höre dabei mit deinem ganzen Leben hin.
Der zu dir spricht,
>Gott

Lass deine Wurzeln wachsen

Statt der Trauergewänder gebe ich ihnen duftendes Öl, das sie erfreut. Ihre Mutlosigkeit will ich in Jubel verwandeln, der sie schmückt wie ein Festkleid. Wer sie dann sieht, vergleicht sie mit Bäumen, die der Herr gepflanzt hat.

Jesaja 61,3

Hallo, mein Lieber, ich bin's!
>Tiere haben gelernt, dass sie in Trockenzeiten an der Erdoberfläche keine Feuchtigkeit finden. Und darum graben sie, um unter der Oberfläche auf Wasser zu stoßen, mit dem sie ihren Durst stillen können. Durstige Bäume lassen ihre Wurzeln auch ganz tief in die Erde wachsen, um unterirdische Wasservorräte zu erreichen und anzuzapfen.
In deinen Sorgenzeiten sollst auch du deine Wurzeln tief in meine Liebe zu dir wachsen lassen. Lass mein lebendiges Wasser deinen durstigen Geist erfrischen. :-) Auch wenn du jetzt nur die verkohlten Reste deines Lebens sehen kannst – vertraue mir. Ich bin dabei, dich zu erneuern. Du kannst diese Asche gegen duftendes Öl eintauschen, deine Mutlosigkeit gegen meinen Jubel und deine traurigen Gedanken gegen mein Loblied. Grabe tief, und deine Heilung wird vorankommen.
Dein Heiler, dein Wasser unter der Oberfläche,
>Gott

Eine geistliche Erneuerung

Sie werden alles wiederherstellen, was vor vielen Jahren zerstört wurde und seither in Trümmern liegt. Die zerfallenen Städte, die seit Generationen Ruinen sind, bauen sie wieder auf.

Jesaja 61,4

Ich habe noch einen Gedanken für dich!
>In deinem Land gibt es inzwischen viele Orte, wo der Glaube deiner Väter in Vergessenheit geraten ist. Das geistliche Feuer, das früher hell loderte, ist beinahe erloschen. :,-(
Ich rufe mein Volk dazu auf, in deinem Land eine Erneuerung des Glaubens zu starten. Ich rufe dich auf, einer dieser erneuerten Männer zu sein – indem du für die Wahrheit eintrittst und für die Gerechtigkeit betest. Ich rufe dich dazu auf, «die Ruinen» wieder aufzubauen, indem du das Feuer des Glaubens in deiner eigenen Familie, in deiner Gemeinde und deiner Stadt neu anfachst. Wenn du mit anderen erneuerten Christen zusammenarbeitest, werdet ihr sehen, wie die Trümmer wieder aufgebaut werden und die geistliche Verwüstung sich in eine Erweckung wandelt. Vertraue auf mich bei dieser Erneuerung des Glaubens in deinem Land. :-)
Der Herr des Wiederaufbaus,
>Gott

Eine lebenslange Bindung

Darum verlässt ein Mann seine Eltern und verbindet sich so eng mit seiner Frau, dass die beiden eins sind mit Leib und Seele.

1. Mose 2,24

Na, wie geht es dir heute?
>Die Gesellschaft, in der du lebst, trägt die Narben vieler zerstörter Heime und vieler zerbrochener Beziehungen. Millionen von Menschen treten durch die heilige Vordertür der Eheschließung und lassen sich im Geist eine Hintertür offen, durch die sie fliehen können, wenn die Dinge mal nicht so funktionieren, wie sie es sich gedacht haben. Sie haben so viele Familien auseinander fallen sehen, dass sie Angst haben, auch nur ein kleines Fünkchen Hoffnung auf das Konzept einer lebenslangen Bindung zu setzen. :,-(
Aber ich rufe dich dazu auf, dich deinem Ehebund verpflichtet zu fühlen. Ich gebe dir die Kraft, in den schweren Zeiten treu zu bleiben. Und wenn du daran festhältst, dann wirst du die lebenslange Freude erleben, die ich für dich und für deine Ehefrau vorgesehen habe. Folge vertrauensvoll meinem Ruf zur Treue und Hingabe.
Der Herr des Bundes,
>Gott

Gib dein Bestes

Da nahm Maria ein Gefäß mit kostbarem Salböl, goss es über die Füße Jesu und trocknete sie mit ihrem Haar. Der Duft des Öls erfüllte das ganze Haus.

Johannes 12,3

Ich grüße dich!
>Maria von Betanien wurde dafür kritisiert, dass sie einen teuren Krug Salböl verschwendet habe, um die Füße meines Sohnes damit zu salben. :-(Ihre selbstgerechten Kritiker sagten, sie hätte das Öl lieber verkaufen und das Geld den Armen geben sollen. Aber Maria war gewillt hinzunehmen, dass man sie für einfältig oder gar bösartig hielt, um dafür ihren größten Besitz für ihre größte Liebe auszugießen.
Marias außergewöhnliche Liebe zu Jesus soll für dich eine wichtige Erkenntnis sein. Bitte sei nicht zurückhaltend in deiner Beziehung zu meinem Sohn. Sei nicht so «vernünftig», dass du die Freude versäumst, wenn du das Beste von dir und deinen Begabungen für ihn und sein Reich ausgießt. Andere mögen zur Vorsicht mahnen. Andere mögen den Kopf schütteln. Aber ich dränge dich, dass du in dieser Beziehung alle Vorsicht in den Wind schlägst und Jesus von ganzem Herzen liebst. :-)
Der Vater der Herzen,
>Gott

Gib mir deine Krücke

Vor und hinter ihm drängten sich die Menschen und riefen: «Heil unserem König, dem Sohn Davids! Ihn hat uns Gott gesandt. Der Herr segne ihn! Gelobt sei Gott!» ... Da kamen auch schon Blinde und Krüppel, und er heilte sie im Tempel.

Matthäus | 21,9 und 14

Hast du noch eine Minute?
>Wenn du zu mir kommst, verkrüppelt vom Leben, dann bin ich immer bereit, dich zu heilen. Aber zuerst musst du bereit sein, deine Krücke wegzulegen. Auf die Krücke zu verzichten verlangt von dir, dass du Vertrauen hast, denn du hast dich bestimmt schon eine ganze Weile auf die Krücke gestützt. Aber wie soll ich dir das Laufen beibringen, wenn du sie nicht loslässt? Sie wird dir nur im Weg sein, wenn du darauf bestehst, sie weiter festzuhalten.
Was ist denn eigentlich deine Krücke? Deine Ausbildung, deine Abhängigkeit, dein Aussehen, deine Freunde, deine Arbeit, deine gesellschaftliche Stellung? Nun, die Krücke könnte sogar dein Glaube sein. Du musst alles loslassen, worauf du dich stützt, außer mich (!), wenn du jemals geistlich gehen willst. Komm ohne weiteres ganz schwach und kraftlos zu mir, mein Sohn, und ich bringe dir in kürzester Zeit das Gehen bei. :-)
Der, der dich gesund macht,
>Gott

Hol dein Erbe ab

Ihr sollt erfahren, wie unermesslich groß die Kraft ist, mit der Gott in uns, den Glaubenden, wirkt. Ist es doch dieselbe Kraft, mit der er Christus von den Toten auferweckte und ihm den Ehrenplatz zu seiner Rechten gab!

Epheser 1,19–20

Noch eine letzte Mail an dich:
>Stell dir vor, du würdest von einem Rechtsanwalt aus deinem Wohnort einen Anruf erhalten. Der Anwalt bestellt dich zu sich, damit du eine Million Euro von einem reichen Verwandten abholst. Die Erbschaft warte auf dich, sagt er. Ich frage mich: Wie lange würde es wohl dauern, bis du bei ihm in der Kanzlei wärst? ;-)
Nun, du hast ein geistliches Erbe, das weit mehr wert ist als eine Million Euro. Es ist meine überwältigende Kraft. :-o Meine Kraft kann dich heilen, wenn du verletzt bist. Sie kann dich führen, wenn du dich verlaufen hast. Und sie kann dich durch dieses anstrengende Abenteuer namens Leben leiten. Und genau dieselbe Kraft war es, die Jesus, meinen Sohn, aus dem Grab geholt hat – so stark ist sie! Und doch läufst du manchmal trübsinnig und orientierungslos herum, wie ein geistlicher Bettler ohne Ziel. Komm zu mir, und hole dein Erbe ab!
Dein reichster Verwandter,
>Gott

Der Autor

Auf den vielen Wegen seines geistlichen Dienstes begegnet **Andy Cloninger** immer wieder den unterschiedlichsten Menschen in all den Situationen und Problemen, in denen sie gerade stecken. Seine Aufgabe ist es dann jeweils, sie liebevoll zur Wahrheit und zu möglichen Problemlösungen zu führen.
Zurzeit leitet er die Anbetungsgruppe der «Spanish Fort United Methodist Church» und spielt beruflich in einer Akustik-Band namens «Dog Named David». Andy produziert auch CDs für ganz verschiedene Bands und leitet Gottesdienste bei vielen Jugendveranstaltungen. Vor seinem Start in die musikalische Karriere waren Andy und seine Frau Jenny Jugendseelsorger und arbeiteten mehrere Jahre lang für «Young Life Ministries».
Andy und Jenny leben mit ihren beiden Kindern Kaylee und Drew in Mobile, Alabama, USA.
Andys Mutter **Claire Cloninger** hat bereits das Buch «E-Mail von Gott für Frauen» veröffentlicht, sein Bruder **Curt Cloninger** zeichnet mit Claire Cloninger zusammen verantwortlich für das Buch «E-Mail von Gott für Teens». Die Serie gehört in den USA zu den aktuellen Bestsellern.

Aus derselben Serie

Claire Cloninger
**«E-Mail von Gott
für Frauen»**

Taschenbuch, 244 Seiten
Bestellnummer 114.046
ISBN 978-3-7655-4046-2

Claire, Curt und Andy Cloninger
**«E-Mail von Gott
für jeden Tag»**

Gebundene Ausgabe, 384 Seiten
Bestellnummer 111.855
ISBN 978-3-7655-1855-3

BRUNNEN
VERLAG BASEL · GIESSEN

Aus derselben Serie

Claire und Curt Cloninger
**«E-Mail von Gott
für Teens»**

Taschenbuch, 244 Seiten
Bestellnummer 114.028
ISBN 978-3-7655-4028-8

Claire und Curt Cloninger
**«E-Mail von Gott für Teens
und die Generation @»**

Taschenbuch, 244 Seiten
Bestellnummer 114.029
ISBN 978-3-7655-4029-5

BRUNNEN
VERLAG BASEL · GIESSEN